**Mittendrin und
außen vor:**
STUTTGARTS
stille Ecken

Adrienne Braun

Mittendrin und außen vor:
STUTTGARTS
stille Ecken

Bibliografische Information der Deutschen Bibliothek
Die Deutsche Bibliothek verzeichnet diese Publikation in der
Deutschen Nationalbibliografie; detaillierte bibliografische
Daten sind im Internet über http://dnb.ddb.de abrufbar.

ISBN 978-3-87800-054-9

© Südverlag GmbH, Konstanz 2014
Einband, Layout und Satz: Silke Nalbach, Mannheim
Umschlagabbildungen: Martin Lorenz (Galeriesaal der Stadt-
bibliothek Stuttgart / yi architects) / © Landeshauptstadt
Stuttgart, Stadtbibliothek; © Eberhard Rapp, Konzeption
und Kommunikation, Stuttgart; © Achim Zweygarth
(Autorinnenporträt), Stuttgart

Druck und Bindung: fgb · freiburger graphische betriebe,
Freiburg

Südverlag GmbH
Schützenstr. 24, 78462 Konstanz
Tel. 07531-9053-0, Fax: 07531-9053-98
www.suedverlag.de

GRÜNGUT

Täglicher Wahnsinn
Das Herz im Schweinsgalopp

Manche Leute bekommen feuchte Hände, andere trommeln auf den Tisch oder japsen atemlos. Ich dagegen beiße auf die Zähne. Unauffällig und ausdauernd. Sobald ich nervös werde, beginnt der Vierer oben links wie ein Specht auf die Krone unter ihm zu hämmern. Die Schneidezähne scheuern, die Backenzähne klappern wie die Mühle am rauschenden Bach. Klipp klapp. Klipp klapp. Wenn das Kiefergelenk dann beinahe ausgekugelt ist, beschließe ich jedes Mal erneut: So kann es nicht weitergehen mit mir. Ich muss mein Leben ändern. Damit ich auch morgen noch kraftvoll zubeißen kann.

Aber natürlich geht alles genauso weiter wie immer. Stress, Termindruck, Hetze. Großbaustelle am Bahnhof. Dauerstau auf der Hauptstätter Straße. Hohes Verkehrsaufkommen im Heslacher Tunnel. Ein trödelnder Lastwagen am Waldfriedhof. Schnarchzapfen, die an der grünen Ampel bremsen. Dösköppe, Dussel und Deppen allüberall. Und schon beginnt der Vierer oben links munter wie ein Specht zu hämmern, und scheuern die Schneidezähne den Schmelz bröselig.

Wenn die Zähne aber irgendwann gar nicht mehr auf-
hören zu klappern, wenn dazu die Finger Ratatata
trommeln, das Ohr piepst, die Stimme kiekst und sich
schließlich das Herz zu diesem fröhlichen Haus-
konzert auch noch mit hektischen Sechzehntel-
Schlägen dazugesellt, dann ist es höchste Zeit: raus
aus allem Trubel, abschalten, runterfahren und das
Nichts spüren.

Bloß – wo will man in Stuttgart das Nichts spüren,
wenn ständig gebohrt, gebaggert und gebaut wird?
Die Luft ist dick, der Verkehr enervierend. Stuttgart,
die Hauptstadt der Staus und Großbaustellen. Menschenmassen schieben sich durch die Innenstadt,
belagern die Bänke, bevölkern die Bäder, blockieren
die Bars, Cafés, Restaurants. Und wenn man endlich
ein friedliches Plätzchen gefunden hat, hockt sich
garantiert jemand dazu und telefoniert.

Jeder Mensch hat ein Recht auf Erholung, heißt es
in Artikel 24 der Allgemeinen Erklärung der Men-
schenrechte. Dieses Recht leben auch die Stuttgarter
leidenschaftlich gern aus und marschieren im Pulk
durch den Rosensteinpark. Kinderwagenkolonnen
werden durch die Wilhelma geschoben, am Killesberg schnauft das Bähnchen im Dauerbetrieb. Und an
den Bärenseen bricht der Park-Such-Verkehr regelmäßig zusammen.

Haselünne hat sein Moor, Graal-Müritz das Meer,
Ramsau seine Berge. Und Stuttgart? Irgendwo muss
man sich doch an der Kraft der Natur laben können,
ganz Mensch, ganz Tier sein? Bloß wo?

Wenn ich gehe, dann gehe ich

Als Langnase kann man schon durcheinander kommen: Japan, China, Korea, Vietnam? Die einen schmatzen angeblich beim Essen und spucken die Knochen aufs Tischtuch. Die anderen arbeiten 14 Stunden am Tag und machen danach perversen Sex. Sind die Japaner klein und die Chinesen rundlich? Oder war es doch andersherum? Diese essen Hunde, jene Wale. Bloß: Welche sind welche?

Sicher ist: der Qingyin-Garten ist ein chinesischer Garten. Genaugenommen ist er ein südchinesischer Garten, wobei vermutlich auch niemand Zweifel bekäme, wenn auf der Eingangstafel Shanxi-Provinz stünde. Oder Liaoning. Longshan-Kultur oder Wei-Dynastie. Wer will schon nachprüfen, ob die zu einem Bogen geschichteten Steinbrocken tatsächlich aus dem Taihu-See stammen oder der Name Qingyin einem alten chinesischen Gedicht aus der Jin-Dynastie entstammt und so viel bedeutet wie: Nicht nur Flöte und Laute, sondern auch Berg und Wasser ergeben eine schöne Melodie.

Wahrscheinlich haben D + F überhaupt nicht darüber nachgedacht, warum sich an der Ecke Birkenwald- und Panoramastraße, zwischen Luxuswohnen und Anwaltskanzleien plötzlich ein kleines Paradies eröffnet. Man

Ein Schritt durch das Tor zum Chinesischen Garten genügt – und schon fällt die Banalität des Alltags von einem ab.

schreitet durch das blütenförmige Tor und steht in einer exotischen Landschaft mit Wasserfall und Holzpavillon, mit Schnitzkunst und geheimnisvollen Schriftzeichen, raschelndem Bambus und Dächern, deren Enden sich nach oben schwingen. Es ist wie ein Gemälde, wie ein vollendetes Bild vom alten, ehrwürdigen China.

D + F saßen wohl eher kichernd und kosend in einem stillen Eckchen des Chinagartens – und haben im Überschwang der Gefühle ihre Initialen eingekratzt in eine der hölzernen Säulen des Pavillons der vier Himmelsrichtungen. Es kommen gern und oft Liebende in den Chinesischen Garten, sie riechen Händchen haltend an den Büschen und fotografieren sich lachend unter dem Pavillon. Teenager trinken hier ihr erstes heimliches Bier oder üben auf der von wildem Grün eingewachsenen Holzbank das Knutschen. Es gibt viele hübsche Plätze zum Verweilen – wie auf der steinernen Mauer am Teehaus. Geschützt und doch mit freiem Blick sitzt man dagegen hoch oben auf dem Felsen unter dem kleinen Pavillon. Hier liegt einem Stuttgart zu Füßen. Und doch scheinen die grün bewachsenen Dächer der kalten Büroklötze, die verschachtelte Architektur des Katharinenhospitals und die traurigen Hochhäuser der Universität plötzlich fern, wie weggerückt.

Im Chinesischen Garten taucht man ein in eine fremde, exotische Welt. Kaum ist man über das mit Kieseln in den Boden eingelassene Yin-Yang-Symbol gelaufen, fällt die Banalität und Umtriebigkeit des Alltags von einem ab. Keck und erfrischend plätschert der Wasserfall, freudig blühen die Schwertlilien, an der Kiefer hängen dicke Zapfen. Sofort zieht es den Wanderer hinauf in die Höhe, kraftvoll steigt er die Steinstufen empor. Nach einer Rast droben auf den Felsen unter den geschwungenen Dächern des Pavillons geht es wieder hinab ins Tal. Und wenn man dann dem lieblich geschwungenen, schmalen Pfad durchs Grün folgt und weiter zum See schreitet, fühlt man sich plötzlich in Harmonie mit dem Weltganzen wie einst Konfuzius und leicht wie ein tibetischer Mönch. Wenn ich gehe, dann gehe ich, wenn ich stehe, dann stehe ich, wenn ich sitze …

Berge und Täler, luftige Höhen und Ebenen mit Seen, Grotten und Schluchten, schattige Wälder und warme Lichtungen finden sich im Chinesischen Garten. Dabei besitzt er in Wirklichkeit weniger Quadratmeter als eine durchschnittliche Villa auf dem Killesberg. Aber das ist das Geheimnis dieses im wahrsten Sinne des Wortes Kleinods. Chinesische Gärten sind Landschaften en miniature, die

Schöpfung wird auf Hosentaschenformat gezoomt. Die geschichteten Steine stellen Gebirge dar, der kleine See erinnert an die großen Meere, die Gartenpflanzen an die Vegetation an sich. Mehr noch: Werden und Vergehen, Frühling und Herbst, Leben und Tod, hart und weich, Yin und Yang.

Es stimmt: Nicht nur Flöte und Laute, sondern auch Berg und Wasser ergeben eine schöne Melodie, die einen wohlig umfängt – allerdings nur, wenn nicht gerade die Halle der Freundschaft vermietet wurde, in der dann nicht Tee gereicht wird, sondern Bier und Schampus ausgeschenkt werden. Auf der Zick-Zack-Brücke, die gemahnt, achtsam durchs Leben zu gehen, rauchen die Männer und lockern die Krawatten. Die Frauen kichern und verschwinden eine nach der anderen in dem kleinen Klohäuschen, während Miriam Makeba aus einem scheppernden Kassettenrekorder „Pata Pata" singt.

Wenn der kleine Chinesische Garten vermietet wird, ist die Ruhe schnell dahin. Aber der Verschönerungsverein, der den Garten pflegt, muss ja auch leben – und kommt mit den fünfzig Cent, die jeder Besucher in die Spendenbox werfen soll, nicht weit. 1993 wurde der Chinesische Garten für die Gartenausstellung IGA geschaffen – neben allerhand anderen Nationengärten. Der Qing Yin Yuan Freundschaftsgarten war der schönste von ihnen. Um ihn zu erhalten, gründete sich eigens ein Verein – sodass er 1996 umgesiedelt und in der Birkenwaldstraße neu aufgebaut werden konnte. Heute kümmert sich der Verschönerungsverein um ihn, das Alter sieht man ihm dennoch an, viele Pflanzen sind gewuchert, nicht nur D + F haben auf den Säulen des Pavillons ihre Initialen hinterlassen, sondern auch zahllose andere Besucher haben sich mit scharfen Schnitten in dem glänzenden Holz verewigt, haben Herzchen, Humbug und Botschaften wie „Nicole" oder „Hure" hinterlassen.

Ganz so einfach ist es mit der konfuzianischen Weltharmonie eben doch nicht. Für manchen ist der Garten der schönen Melodie nicht mehr als ein Stück Grün im Großstadtgetriebe oder eine coole Location mit exotischem Flair – wie China-Imbiss und Thai-Massagesalon. Eine Theaterkulisse, in der das Fremde nicht ängstigen muss und man sich in eine fremde Idylle fortträumen kann. So sitzt man auf den roten Felsen und stellt sich vor, wie Menschen in Shanxi oder Liaoning durch herrliche Gärten wandeln, im Einklang mit sich, mit der Natur und der Welt. Auch wenn sie in Wirklichkeit vielleicht gerade in einer chinesischen Gaststätte deutsches Bier trinken oder sich auf einer Geschäftsreise nach Tokio „Sissi" als Musical anschauen – mit einer Mischung aus österreichischem Kolorit und Manga-Schick.

Apropos Exotismus: In der Pause des österreichisch-japanischen Musicals „Sissi" in Tokio können die Besucher nicht nur Mozartkugeln kaufen, sondern auch Ski-Medaillen, blecherne Scheiben, die unsereiner nach dem ersten Abfahrtsrennen in der Skischule bekam – die die Japaner aber ehrfürchtig befingern, als sei es pures Gold.

Lapidarium //

Proserpinas pralle Brüste

Machen wir uns nichts vor. Es ging nicht um Kunst, nicht um Schönheit oder mythologischen Hintersinn. Es ging schlicht um Sex, um prickelnde Erotik und voyeuristischen Kitzel. Da liegt sie, die „schlafende Diana" – auf einem Stück Felsen, der passgenau auf ihren Körper abgestimmt zu sein scheint. Ein Bein hat sie hochgestellt, der Kopf ruht im Arm, das luftige Kleidchen ist von der Schulter gerutscht, sodass, hoppla aber auch, der Busen in schönster Pracht blank und bloß liegt. Keine Frage: Diese steinerne Diana war sozusagen der Vorläufer von Youporn.

Es ist nicht überliefert, ob Fritz Baron von Gemmingen-Hornberg süße Lust empfand, wenn er nach dem Mittagessen durch den Garten seiner Villa schlenderte, wo die Diana stand – oder besser: liegend lüstern lauerte. Der Bildhauer Emil Epple hatte die Jagdgöttin 1913 eigens für die Villa Gemmingen aus einem Marmorblock geschlagen und die junge, pralle Brust mit besonderer Hingabe herausmodelliert. Sie lädt geradezu ein hinzugreifen, die sanfte Wölbung abzutasten, an der Spitze zu ziehen. Es mag peinlich sein, dabei ertappt zu werden. Untersagt ist es aber nicht.

Das Städtische Lapidarium in der Mörikestraße ist eines der wenigen Museen dieser Welt, in dem man alles

betatschen und angrapschen darf. Man kann den Bronze-
löwen auf den Hintern klatschen oder die Nymphe unter
der Achsel kitzeln, Albrecht Dürer die Hand schütteln und
Orpheus in die Lyra greifen. Das Berühren der Figuren mit
den Pfoten – nicht verboten.

Das Lapidarium ist einer der schönsten und lyrischsten
Orte mitten in der Stadt, leise und elegant, kultiviert und
unaufgeregt. In dem liebevoll gepflegten Garten liegen
die Reste des vergangenen Stuttgarts – das Portal vom
ältesten Rat- und Kaufhaus der Stadt, Rundstützen aus
dem Festsaal der Wilhelma oder das Portal eines Stein-
hauses aus dem 13. Jahrhundert. Nach dem Krieg gab der
Oberbürgermeister Arnulf Klett die Anweisung, bau- und
kunstgeschichtlich wertvolle Bauteile, die man unter den
Trümmern noch fand, ins Lapidarium zu schaffen. Im Lauf
der Jahre ist viel zusammengekommen, sodass Neuzu-
gänge heute nicht mehr in den Garten selbst, sondern in ein
Magazin wandern. Das Lapidarium ist sozusagen die
öffentliche Rumpelkammer der Stadt, in der alles landet,
was nicht wirklich wertvoll, aber auch zu gut ist, um es
ganz rauszuschmeißen.

„Des isch oine Ruhe", sagt eine Besucherin, die mit
einer Frauengruppe über den knirschenden Kies läuft, „des
isch faszinierend, mitten in der Stadt!" Es stimmt, diese
Trümmer und Ruinen, Tür- und Kreuzgewölbeschluss-
steine, die Eckkonsolen, Sockel und Fenstergewände, die
ehernen Frauen und marmornen Büsten verströmen eine
wohlige Ruhe, weil sie nichts mehr beweisen müssen. Sie
haben ihren Dienst getan, wollen nicht mehr imponieren
oder einschüchtern. Selbst Helmut Graf von Moltke und
Otto von Bismarck stehen wie abgeschoben hinter den

Hoppla, der „Schlafenden Diana" des Bildhauers Emil Epple aus dem
Jahre 1913 ist das Kleidchen ein wenig verrutscht.

Büschen und warten mit ihren in Marmor gemeißelten
Epauletten vergeblich darauf, dass ihnen noch jemand
seine Referenz erweist.

Als Freilichtmuseum wird das Lapidarium gern bezeichnet, aber es schert sich nicht um die hehren Aufgaben

des Museums. Es will nicht das dumme Volk kulturell bilden, sondern ist charmant unpädagogisch. Genau genommen lernt man hier eigentlich gar nichts, außer vielleicht, dass der Zahn der Zeit sich an manchem Portal oder Wappenstein vergeblich die Zähne ausgebissen hat. Die Fundstücke wurden beliebig und nach rein dekorativen Zwecken auf- und abgestellt – unabhängig von Rang, Epoche, Stil oder Funktion. Spätgotik und Klassizismus, Barock und Frührenaissance gehen ineinander über, Götter sind gleichauf mit Kellersteinen, Grabplatten, Geschützkugeln und Eckkonsolen – hier ist alles absolut hierarchiefrei präsentiert.

Hemmungslos duften die Buchsbäumchen, die artig in Form geschnitten wurden. Hortensien und Rosen blühen um die Wette. Ehrenamtliche kümmern sich um das Kleinod und hegen und pflegen es, als sei es das eigene Grün. Manchmal sieht man sogar emsige Helferinnen auf den Knien mit der Nagelschere Triebe kappen. In jedem Winkel spürt man die Hingabe und Liebe zu diesem Garten, den ein sehr, sehr reicher Mann anlegen ließ: Karl Ostertag. Man kennt ihn heute kaum mehr, wohl aber seinen Schwiegervater Gustav Siegle. Der hat sich hoch geschafft, hat seine kleine Farbenfabrik zu einer Weltfirma ausgebaut und stieg in die BASF ein. Er war ein erfolgreicher Politiker und Unternehmer, aber auch ein guter Mann, der das erste Krankenhaus in Feuerbach finanzierte und darbende Winzer finanziell unterstützte.

Nach der Heirat mit Siegles Tochter Margarete legte sich Karl nicht nur einen Doppelnamen zu und hieß fortan Karl von Ostertag-Siegle, sondern wurde von heute auf morgen auch einer der reichsten Männer im Königreich Württemberg. Karl Doppelname und seine gute Partie

Margarete wohnten in einer Villa in der Mörikestraße. Und weil man etwas auf sich hielt, ließ man 1905 einen italienischen Renaissancegarten anlegen – mit Säulen und Brunnenhof, Keramikfliesen und Wandelgang. Noch heute hängen an dessen Wand Fragmente römischer Antiken, die Ostertag-Siegle höchstpersönlich bei seinen Reisen nach Rom im Kunsthandel kaufte.

Margarete konnte über den Zaun hinweg einen Plausch mit ihrer Schwester Dora halten, die Fritz Baron von Gemmingen-Hornberg geheiratet hatte. Zur Hochzeit ließ sich Papa Siegle nicht lumpen und für die Eheleute die Villa Gemmingen bauen, in der die nackerte Diana schlief. In der Mörikestraße residierten die besseren Leute, Privatdozenten und Fabrikanten, Kaufleute und Konsule. Und auch heute ist unübersehbar, dass hinter den verzierten Sandsteinfassaden nicht die Ärmsten wohnen oder arbeiten. Die Villa Gemmingen, inzwischen wieder im Familienbesitz, kann für Events und Feste gebucht werden – die Miete für ein Abendessen oder eine Soirée: 4000 Euro.

Umso schöner, dass das Lapidarium für jeden zugänglich ist und nicht einmal Eintritt kostet. Pärchen turteln auf den gediegenen Holzbänken im Wandelgang, Touristen halten die Nase in die Sonne, Wanderer laufen die symmetrisch angelegten Wege und Pfade ab – und jeder fühlt sich hier einfach nur wohl. „Mammut isch's koiner", sagt eine ältere Dame der Frauengruppe, die nun einträchtig die Nase gen Himmel reckt, „aber vom Stamm här könnts sei".

Polyhymnia muss damit leben, dass sie ausgelacht wird. Sie ist ein wahres Pracht- oder eher noch Schlachtweib, riesenhaft und monströs blickt sie auf die Besucher hinunter. Selbst ihre kleinen Zehen sind größer als anderer

Leute Finger. Aber es war eigentlich auch nicht vorgesehen, dem Fräulein auf Augenhöhe zu begegnen – sie war eine der vier Musen, die auf der Attika des Alten Hoftheaters standen. 1845/46 zogen die Theaterleute in das Neue Lusthaus ein – und die vier Frauen sollten 1883 nach außen hin sichtbar machen, dass hier Tragödie, Komödie, Tanz und Gesang regierten. 1902 brannte das Theater ab, und die Figuren wurden im Garten der Landesbibliothek abgestellt. Heute ist nur noch Polyhymnia erhalten, die Muse des Gesangs, die allerdings ihr Tamburin verloren hat.

Viele Bewohnerinnen und Bewohner des Lapidariums haben Verluste hinnehmen müssen. Dem armen Bildhauer Dannecker wurde im Krieg das halbe Gesicht weggeschossen. Dem Falken fehlt der Kopf, einem Hund das Ohr, dem römischen Fenstergucker die Nase. Pan fehlt die Flöte, dem Rock der Rumpf, den Unterschenkeln der Körper. Und dem Apoll von Belvedere, schade aber auch, ausgerechnet das Pimmelchen.

Die Erläuterungen an den Fundstücken sind knapp – und wen es interessiert, der muss daheim nachschlagen, was Wimperg, Piedestal und Postament bedeuten mögen, was Kosmaten und Hapen wohl sind. Schöner aber ist es, sich treiben zu lassen und lustvoll der Fantasie hinzugeben, die beginnt, Geschichten zu spinnen rund um den blechernen Wetterhahn, der einst in der Eberhardstraße stand, oder den Wasserspeier vom alten Rathaus, der eine lustige Mütze aus Moos trägt. Wo in der Heilbronner Straße mag die Villa Gaucher gestanden haben, deren Glocke hier nun abgeladen wurde – und der Geist streift über die heutige Stadtautobahn, vorbei an Geno-Haus und gläsernen Riesen, Hotelkästen und Großbaustelle.

Wilhelm Hauff soll sich in seinem Text „Freie Stunden am Fenster" auf das Haus bezogen haben, dessen Portal jetzt im Grün ruht. 1764 soll der Russenschuster in der ehemaligen Weinstraße eingezogen sein, ein Kriegsgewinnler, der durch Schuhlieferungen an die Russen zu Geld gekommen ist. Auf dem Portal sieht man noch eine Kartusche mit Stiefel, das Zunftzeichen der Schuhmacher.

Kreuz und quer geht es durch Stuttgarts Geschichte, hier ein Wandstück des Neuen Lusthauses, dort ein Fries des Kronprinzenpalais. Das Portal der Großen Mühle in Berg stammt von 1613, der Inschriftenstein vom Esslinger Hof ist noch älter – und man kann schon ins Grübeln kommen, was von unsereinem übrig bleiben wird. Türgriffe von Obi, Terrakotta-Töpfe von Kölle oder das Klingelschild einer gewissen A. Braun aus Stuttgart?

„Viele dieser Steine mögen dem oberflächlichen Betrachter auf den ersten Blick als von künstlerisch wie historisch nicht bedeutsamer Art erscheinen", sagte der Oberbürgermeister Arnulf Klett, als 1950 das Lapidarium eröffnet wurde. Tatsächlich ist vieles eher von kulturhistorischer Bedeutung – und ist das, was als Kunst daherkommt, manchmal schlicht Kunstgewerbe. Die schlafende Diana jedenfalls war zu ihrer Entstehungszeit 1913 alles andere als künstlerische Avantgarde.

Der „Raub der Proserpina" ist zumindest dramatisch. Pluto, Gott der Unterwelt, raubt die Tochter von Jupiter und Ceres. Der Bildhauer Ludwig Hofer hat 1881 daraus einen artistischen Kraftakt gemacht. Wie bei einer Hebefigur im Ballett stemmt dieser muskelbepackte Kerl das Weib nach oben, sodass sie etwas unbequem über seiner Schulter liegt und ihr nackter Busen drall emporragt. Die

Betrachter können bequem auf ihre Scham schauen, von der, hoppla aber auch, partout das Tuch gerutscht ist. Um in dieser appetitlichen, aber auch höchst linkischen Pose verharren zu können, stützt Proserpina sich auf dem Arm ihres Räubers ab, statt den Schurken an den Haaren zu ziehen oder ihm die Augen auszukratzen, wie es jede vernünftige Frau in solch einem Moment tun würde. Wehe, wer Übles dabei denkt – er liegt ganz richtig. Es ist eine in Marmor gehauene Vergewaltigungsfantasie.

„Wer aber seine Heimat und ihre Geschichte liebt, wird sich mit innerer Anteilname in die Formen dieser Steine und in ihren Gehalt versenken und daraus wertvollen Nutzen ziehen für Seele, Geist und Gemüt", sagte Klett in seiner Eröffnungsrede. Man darf, aber man muss Stuttgart nicht lieben, um die Schönheit des Lapidariums zu erkennen, diesen charmanten wie idyllischen Garten, der so ganz und gar unspektakulär Geschichte verhandelt. Man kann ihn friedlich, erholsam, malerisch nennen, lyrisch oder zauberhaft – oder es mit den Worten eines jungen Besuchers ganz schlicht auf den Punkt bringen: „einfach wunderschön".

Naturerfahrungsraum Klüpfelstraße //

Mayday, mayday, Objekt im Anflug

Der Mensch ist schlecht. Er pieselt und pupst, und manchmal macht er sogar große Geschäfte. Das setzt der Natur zu. „Nicht zu fassen", heißt es auf der Informationstafel zum „WC-Dilemma", „wir essen, gehen aufs Klo und werden damit zum Umweltsünder". Arme Kinder, früher hat man sie getriezt und gestraft, weil sie nächtens die Hände unter der Decke hatten oder heimlich Honig schleckten. Heute sündigen sie auf andere Weise: Sie pieseln, pupsen und machen manchmal sogar große Geschäfte.

Damit die kleinen Umweltsünder des Stuttgarter Westens nicht eines Tages zu großen Umweltsündern heranwachsen, wird ihnen eine freundliche Lektion in Sachen Naturkunde erteilt. Hinter dem Hölderlinplatz, wo versteckte Kleingärten und verwilderte Parzellen liegen, wurde ein Stück wilder, ungezähmter Natur mit Apfelbäumen und Brombeersträuchern, abgebrochenen Ästen und dornigen Rosen für den Nachwuchs freigegeben: der Naturerfahrungsraum Klüpfelstraße.

Was für ein scheußlicher Name – Naturerfahrungsraum. Das klingt nach pädagogischem Lehrbuch. Aber an sich ist es eine schöne Idee, einen Ort zu schaffen, der „weitgehend sich selbst überlassen bleiben" soll, wie es am

Eingangstörchen heißt. Hunde sind verboten, Erwachsene geduldet, Grillen nur mit Erlaubnis, neue Ideen dagegen sind „immer willkommen".

Aber haben wir Erwachsenen überhaupt Ideen? Steil geht eine Treppe unter den Bäumen hinauf, die steinernen Stufen sind schief und krumm. Blätter streifen einem übers Haar, umgestürzte Bäume versperren den Weg. Hier eine einzelne Rose, die prachtvoll blüht, dort hängen dicke Pflaumen an den Ästen, an einem niedrigen Laubengang wachsen grüne Trauben. Das klingt idyllisch, aber städtischer Wildwuchs hat wenig zu tun mit federndem Waldboden und Zapfen, die unter den Füßen knacken, nichts mit frisch gemähten Bergwiesen und klar plätschernden Bächlein.

Idyllisch, schön, anmutig ist dieses Stück Natur nicht. Das liegt nicht nur daran, dass die Nachbargrundstücke wie Müllhalden ausschauen mit alten Campingstühlen und rostigen Klappbetten, dreckigen Kanistern, Plastiktüten und allerhand Krempel. Bäume, Sträucher, Unkräuter wachsen kreuz und quer, Blätter welken, Hölzer modern. Der kleine Teich ist trüb, die Korkenziehernuss krank, Mirabellen faulen auf dem Boden vor sich hin.

Man würde gern die Hacke schnappen und das Unkraut rupfen, die morschen Äste und Stämme auf den Kompost pfeffern, die verblühten Blüten kappen, die Büsche stutzen, die Wege lichten. Man würde planen und ordnen, arrangieren, komponieren, inszenieren, säen und pflanzen. Man würde ein kleines Paradies schaffen, düngen, Läuse bekämpfen, Schnecken jagen und Gift spritzen, Beete anlegen und Bretter streichen. Und dann würde man an einer Stelle mit Panoramablick eine Holzbank aufstellen und es sich mit einem guten Buch gemütlich machen.

Obstbäume, Unkraut und morsches Holz: Der Naturerfahrungsraum ist
ein wilder, ungezügelter Garten.

Im Naturerfahrungsraum gibt es keine Bänke. Nur ein zer-
sägter Baumstamm gewährt den alten Knochen ein Päus-
chen. Wenn man dann leidlich bequem auf dem Holz hockt
und sich wegen der rauen Rinde um den Hosenboden sorgt,
befällt einen leise Melancholie – und Trauer um die verlo-
rene Kindheit. Denn wäre man Kind, man wüsste, was tun
in diesem wilden Durcheinander. Man würde Äste sammeln und Hütten bauen, von Stein zu Stein springen, mit
einem Stecken im trüben Teich rühren und Algen fischen,
über Balken balancieren und auf Bäume klettern. Man
würde Seile über Äste werfen und wie Tarzan schaukeln
oder sich stundenlang damit abmühen, aus einem Brett
eine Wippe zu bauen. Man käme sich nicht albern vor, mit
einer Waffe, die eigentlich nur ein morscher Stecken ist,

durchs Unterholz zu robben und heldenhaft die Welt zu retten, Blüten und Blätter zu sammeln und zwischen Steinen zu zermalmen. Oder wenigstens dem besten Freund die Nüsschen der Hagebutte hinten ins T-Shirt zu streuen und sich diebisch zu freuen. Stichwort: Juckpulver.

Oben, an der höchsten Stelle des Grundstücks ist aus Holz eine Aussichtsplattform gebaut worden, aber das gewucherte Grün versperrt den Blick. Und wieder bräuchte es Fantasie und kindliche Hemmungslosigkeit, um den Platz zu beleben, um zum Ritter zu werden, der in seiner Festung thront. Zum Wissenschaftler, der in seiner Forschungsstation sitzt und den Weltraum erobert. Zum Jäger, der vom Hochstand aus das Wild erlegt. Oder zum Commander im Tower, der auf das Geländer tippt und „Mayday, mayday" ins fiktive Mikrofon ruft.

Wo ist unsere Fantasie bloß abgeblieben? Was ist aus der Lust geworden, sich auszutoben, mit bloßen Händen in der Erde zu wühlen, Rinde abzukratzen und mit den Zehen Hölzchen zu schnappen. Sich kopfüber an Geländer zu hängen, zu kriechen und zu klettern – und dabei doch vor allem sich selbst zu spüren?

Aus, vorbei, verloren. Natürlich wollen auch Erwachsene sich spüren, sie drehen die Musik laut, legen sich in die Badewanne oder machen Sex, um die Sinne zu kitzeln. Aber wenn sie in der Natur sitzen, wissen sie nichts mit sich anzufangen – und bestellen einen Drink oder werfen den Elektrogrill an.

Vielleicht sollte man sich wenigstens mal wieder ein Paar praller Herzkirschen ans Ohr hängen.

In den vergangenen Jahren verkamen einige der Kleingärten. Die Grünen-Fraktion des Gemeinderats brachte das

Thema „Naturerfahrungsraum" ins Gespräch, der Arbeits-
kreis „Spielflächen" spürte das Areal auf, und das Sozial-
unternehmen „Neue Arbeit" half, das 5 000 Quadratmeter
große Gelände kindgerecht herzurichten. Nur die Anwohner waren gegen das Projekt – und gegen die Idee, dass Kinder aus dem dicht besiedelten Westen hier nach Lust und
Laune herumstromern können. Sie haben schließlich ihre
eigenen Gärten – mit Schaukeln und Sandkästen aus dem
Baumarkt. Mutti kümmert sich um die Blumen, Vati mäht
samstags den Rasen. Ihre Kinder sollen lieber Flöte üben,
statt sich im wilden Niemandsland die Hosen schmutzig
zu machen oder an Dornen und Brennnesseln Blessuren zu
holen. Sie sollen in Fantasie anregenden Büchern lesen –
und sich nicht mit faulen Pflaumen bewerfen oder womöglich Ameisen unter der Lupe rösten.

Aber vielleicht schleichen sich die wohlbehüteten
Nachbarskinder doch auch mal heimlich an diesen aben-
teuerlichen Ort und ernten auf der Streuobstwiese den
ersten Apfel ihres Lebens. Und machen zum ersten Mal
Pipi – ohne sich zu versündigen. Denn auf dem Naturerfahrungsraum gibt es eine Toilette, auf die man mit
gutem Gewissen gehen darf, weil dabei weder Trinkwasser
verbraucht noch verschmutzt wird. Bei ihr kommen Säge-
späne zum Einsatz, sodass die Kinder quasi selbst den
Humus produzieren, damit das kleine Stück Natur hinterm
Hölderlinplatz weiterhin so wild und hemmungslos
wuchern kann.

Zoologisches und Tiermedizinisches
Museum Hohenheim //

Kalb mit Doppelkopf

Es liegt an den Hüften. Oder der Nase. Die Wangenknochen könnten markanter, die Beine länger, die Lippen voller sein, das Haar dichter, die Waden schlanker. Nimm dich, wie du bist, rufen uns die Selbstfindungsratgeber zu. Mach etwas aus dir, brüllen die Schönheitsmagazine hysterisch zurück. Da steht man dann, spitzt die nicht perfekt geratenen Ohren, horcht, was die innere Stimme zu sagen hat: Gibt sie Entwarnung? Oder erklärt im Gegenteil: Mit dieser Cellulitis am Hintern kannst du dein Leben gleich an den Nagel hängen?

Man mag verzweifeln am penetranten Stimmengewirr der Schönheitsratgeber und Gesundheitsapostel, an den medialen Glücksverheißungen und Konsumversprechen. Man kann wahnsinnig oder depressiv werden oder sich redlich mühen, sich zu korrigieren, zu optimieren, zu perfektionieren. Man kann sich aber auch an einem Sonntag Nachmittag einfach auf den Weg machen in Richtung Hohenheimer Schloss. Nutka-Scheinzypresse, Atlaszeder und Persischen Bergahorn im Park lässt man links liegen und marschiert stramm in Richtung Mittelbau des Schlosses, das Carl Eugen seinem Fränzele bauen ließ. Man könnte es fast übersehen: unscheinbar und ohne großes

Skelette, ausgestopfte Viecher, Konserviertes und Präpariertes:
Das altmodische Museum zeigt die wahnwitzige Vielfalt der Natur.

Aufhebens ein Schild, eine unauffällige Treppe, mehr nicht.
Aber da ist man auch schon mitten drin im Zoologischen
und Tiermedizinischen Museum, drückt auf den Licht-
schalter und steht vor einer Wasserstelle in der ostafrika-
nischen Savanne. Naturgetreu nachgebildet als Diorama.

Es ist schrullig, dieses kleine Museum, das eigentlich
Studienzwecken dient und nur sonntags fürs Volk geöffnet
wird. Kurios und irgendwie putzig, verstaubt und so alt-
modisch, dass man kaum glauben mag, dass es so etwas
noch gibt. Alles Grau in Grau, Neonröhren an der Decke,
vergilbte Schilder, verblasste Exponate, manche Hinweise
wurden noch mit der Schreibmaschine getippt. Nichts
ist illuminiert oder inszeniert, es gibt weder Terminals
noch interaktive Mitmach-Stationen, statt Audioguide

31

kann man kopierte, flüchtig getackerte Zettel erwerben. Wenn das Museumspädagogen sehen würden, sie wären erschüttert.

Denn diese aus der Zeit gefallene Präsentation ist gerade wegen ihrer Bescheidenheit und ihres altmodischen Charmes so spektakulär. „Sehr hilfreich und schön gemacht", haben Tim und Jenny ins Gästebuch geschrieben, „einfach super", meint Alexander, und zwischen den verschiedenen Einträgen auf Japanisch, Französisch und Englisch steht immer wieder „sehr beeindruckend" und „interessant". Jeder scheint diesem eigenwilligen Raritätenkabinett zu verfallen.

Dabei ist es – igitt und pfui Teufel – mitunter schaurig, was präsentiert wird: Knochenpräparate, Feuchtpräparate, Muskel-, Organ- und Gefäßpräparate. Überall alte Gläser mit eingelegtem Gekröse, mit Glitschigem, Wurmigem, Fasrigem. Aufgespießte Insekten und ausgestopfte Viecher, Skelette und Innereien. Seziertes, Konserviertes, Präpariertes. Der Magen eines zweizehigen Faultiers oder Kiefernblattwespen. Ein ausgestopfter Puffotter und die Eingeweide eines Menschen. Weichtiere und Stachelhäuter, Amphibien und Reptilien, Gebisspräparate und Klauenbeschläge.

Als die Ernte mal wieder katastrophal schlecht ausfiel und auch die Stuttgarter hungern mussten, gründete König Wilhelm I. von Württemberg in Hohenheim eine landwirtschaftliche Unterrichts-, Versuchs- und Musteranstalt, den Grundstock der heutigen Universität Hohenheim. Viele Stücke im Hohenheimer Museum stammen noch aus einer zoologischen Sammlung aus dem 18. Jahrhundert, einige Exponate kommen auch aus der alten Tierarzneischule in Stuttgart, die 1912 geschlossen wurde – darunter zahllose Beschläge für Pferdehufe. Es müssen Hunderte sein.

Damit die Landwirte ihr Vieh in Notfällen auch selbst behandeln konnten, ist es auch eine medizinische Lehrsammlung. Das sieht man deutlich etwa an den Neonrot leuchtenden Blutgefäßen aus dem Schädel eines Ferkels. Oder den Leberegeln. Hier kann man eine Fersensehne studieren, dort Lungenseuche und Milzbrand im Gesicht. Da kann einem schon wacklig in den Beinen werden.

Wird es aber nicht. Denn Forscherdrang und Neugierde gewinnen schnell die Oberhand. Man beginnt, bei den Tierskeletten die Rippen zu zählen, die Katzenschädel zu vergleichen, die eingelegte fünfbartelige Seequappe zu bestaunen. Zwischen Hühnern und Hunden, Kriechtieren und Raubvögeln dann plötzlich: menschliche Embryonen. Nach sechs Wochen ist ein neuer Mensch einen Zentimeter groß, nach fünf Monaten streckt der winzige Fötus schon seine Beinchen, er schlingt den Arm um sich, hält die Händchen vors Gesicht. Wie sind die durchscheinenden, fahl grauen Geschöpfe in diese Gläser geraten? Wer waren sie? Wer wären sie wohl geworden?

Die Natur ist wahnsinnig, aber auch wunderbar. Sie ist kompliziert und geht irrwitzige Wege. Zu gern würde man wissen, warum sie so endlos viele Arten, Gattungen, Familien, Populationen und Hybride hervorgebracht hat. Warum so viele Tiere, Blumen, Sträucher, Bäume? Abelia grandiflora, Abienus festuschristus, Abies alba, Abies balsamea, Abies lasiocarpa, Abies nordmanniana ...

Die berühmte Hohenheimer Holzbibliothek besteht aus 189 Bänden – ein Buch pro Baum oder Strauch, in dem

Blätter, Rinde, Holzprobe, Früchte gesammelt wurden. Die Hohenheimer Xylothek ist um 1800 entstanden – als Lehrmittel für Förster und Botaniker, damit wenigstens sie die Vielfalt im Wald überblicken. Aber Galileo Galilei wusste es bereits: „Die Natur ist unerbittlich, es ist ihr gleichgültig, ob uns Menschen die verborgenen Gründe und Arten ihres Handelns verständlich sind oder nicht."

Eines lehrt diese Hohenheimer Wunderkammer aber sehr wohl: Die Natur mag fantasie- und kraftvoll sein, aber sie ist auch äußerst störanfällig. Hier sieht man eine Hüftgelenksdysplasie beim Hund, dort pathologisch veränderte Hufe, Tierhaarbezoare aus dem Magen von Kälbern, runtergebissene Zähne eines Pferdes und riesige Darmsteine aus dem Dickdarm.

Krankheiten, behauptete Hippokrates, befielen uns nicht aus heiterem Himmel, sondern entwickelten sich aus „täglichen Sünden wider die Natur". Einspruch, du weiser, alter Grieche. Der Mensch mag vieles verschulden, aber die Natur sorgt auch selbst für ihre Krankheiten. Sie ist so fragil wie Handy-Empfang auf einem Zweitausender: Ein Huhn hat ein drittes Bein, ein Kalb zwei Köpfe, ein anderes Wirbelsäulen im Doppelpack. Janusköpfig ist die kleine, ausgestopfte Ziege „Duplicitas posterio" – zwei Köpfe sind zusammengewachsen, sodass das arme Viech zwei Mäuler, vier Ohren, acht Beine hat. Allüberall stößt man in der Ausstellung auf Missbildungen, Anomalien, Fehlentwicklungen, Entgleisungen.

Schnell verhallt da die ewige Selbstbefragung. Die bohrenden Ansprüche des Individuums wirken schal: Cellulitis? Plattfüße? Magere Männlichkeit? Lächerliches Lamento.

„Oh, da ist ein Specht", sagt ein kleines Mädchen und zieht ihren Papa zu den ausgestopften Vögeln – und plötzlich ist man ganz gerührt, dass es noch Kinder gibt, die einen Specht von einer Amsel unterscheiden können. Kinder, die nicht nur dem Fortschritt hinterherhecheln und ihre Zukunftstauglichkeit beweisen wollen mit einem neuen iPhone mit A6-Chip und 8-Megapixel-iSight-Kamera, mit Geräten, über die man in ein paar Jahren ja doch nur müde lächeln wird – so, wie über den Narkose-Apparat „Tiberius", ein metallisches Monstrum mit vergilbten Schläuchen. Heute würde ein Anästhesist, der dieses martialische Ungetüm benutzt, seine Approbation verlieren.

Zum Abschluss des Rundgangs ein Gruß an Carl Mühl. Er wurde 1869 geboren und war Friseur in Stuttgart mit einem aufwendigen Hobby: Er präparierte Insekten. Das Museum verdankt dem Barbier unter anderem eine stolze Sammlung des Juchtenkäfers, der seit Stuttgart 21 sogar berühmter ist als das Stuttgarter Rössle. Aber auch er sollte sich auf diese Prominenz nicht allzu viel einbilden, denn die Konkurrenz an Getier ist groß: Kiefernschwärmer, Eschenbastkäfer, Fichtenborkenkäfer …

Bevor es einen zwischen Württembergischen Schlupfwespen und Tertiär-Ameisen, Mollusken der Adria, Schmetterlingen, Raupen und Käfern anfängt zu jucken, schnell fort von diesem wundersamen Ort, ein paar Münzen in die Spendenbox geworfen – und mit Cellulitis, krummen Beinen oder platten Füßen hinaus ins Leben, bescheiden, geerdet und zurechtgestutzt aufs Allzumenschlich-Allzuviehische.

Im steilen Tobel

Die guten Lederschuhe sind dahin. Die Hose muss in die Wäsche. Es sollte ein gemütlicher Sonntagsspaziergang werden und dann: schlittern, stolpern und straucheln, rutschen und glitschen. Äste, nach denen man hilflos greift, um nicht gleich ganz auf die Nase zu fallen. Aber so muss es sein: matschig, quatschig, schmutzig. Pfützen, nasses Laub und aufgeweichter Grund. Ideal ist, wenn es tagelang geregnet hat, die Böden weich wie Moor sind, die Steine schlüpfrig und glatt. Dann nämlich schießt in den Heslacher Wasserfällen das Wasser, knallt auf die Felsen, reißt Laub und Zweige mit sich wie ein reißender Strom. Erst wenn es wie aus Kübeln geschüttet hat, sind die Heslacher Wasserfälle in ihrem Element.

Ein Wasserfall in Stuttgart? „Nie gehört", sagt ein Taxifahrer. „Wasserfälle?", fragt die Kassiererin an der Tankstelle ungläubig. Eine junge Frau weiß nur, dass es „hinter unserem Haus irgendwo in den Wald rauf geht". Wo ist er, dieser geheimnisvolle Wasserfall, der unterhalb des Schattenrings sein muss beziehungsweise irgendwo links neben der Leonberger Straße, die allerdings eine Brücke ist, noch dazu eine höllisch befahrene. Ein älterer Herr kann endlich weiterhelfen. Er weiß, dass es die Wasserfälle gibt.

Zu viel darf man bei den Heslacher Wasserfällen nicht erwarten. Wenn es
mehrere Tage lang nicht geregnet hat, können sie recht trocken sein.

Er weiß, wie man zu ihnen kommt. Und er sagt: „Des lohnt sich id."

Hinter dem ehemaligen Wildparkstüble schlägt man sich links in den Wald – und fühlt sich plötzlich wie im Allgäu oder im Bregenzerwald. Wie echte Wandersleute sagt man sich Grüß Gott und steigt vorsichtig über den steilen Pfad hinab ins Unterholz. Farne und Walderdbeeren, Brennnesseln und Löwenzahn. Äste knacken, und Vögel zwitschern. Hier ein hölzerner Steg, dem man nicht recht traut, dort Wasser, das kess über die Steine springt. Und plötzlich hört man es rauschen, stapft durch eine kleine Schlucht und findet sich inmitten eines steilen Tobels wieder, einem düster bewachsenen, trichterförmigen Tal, durch das das Wasser schießt.

Und kecker rauschen die Quellen hervor,
Sie singen der Mutter, der Nacht, ins Ohr
Vom Tage, vom heute gewesenen Tage,

heißt es bei Mörike. Trotzdem: Man muss bescheiden bleiben. Es sind nicht die Niagara-, nicht die Mekong-Fälle, und es ist nicht annähernd so imposant wie am Schaffhauser Wasserfall. Es sind die Heslacher Wasserfälle, überschaubar und unspektakulär. Aber immerhin, es gibt sie. Und eben weil sie so bescheiden daherkommen, aber auch unwegsam sind, ist es das einzige Fleckchen in der Gegend, das ein bisschen Frieden gewährt.

Denn das Gebiet rund um den Wildpark ist ein Eldorado für Sportler – und ein Alptraum für Menschen, die in der Natur Ruhe suchen. Überall wird gerannt und geradelt. Futuristische Gestalten in Neongelb und Schleimgrün, mit

Hightech und Kabeln behängt, mit aerodynamischen Helmen und elastischen Hosen jagen an einem vorbei. Überall schnauft und keucht und japst und röchelt es, Fahrradklingeln schellen schrill, aufgeregt fliegt der Kies durch die Luft. Nicht nur der Straßenverkehr kann einem den friedlichen Spaziergang vergellen, sondern auch diese schweißgeschwängerte Sportmeute in ihrem maschinenhaften Fitnesswahn.

Da schlägt man sich lieber wieder ins Unterholz, klettert über Stock und Stein, weicht haarscharf einer nackten Schnecke aus, bestaunt die gleichmäßige Schönheit der Farnwedel, taucht die Hände ins frische Nass und ergötzt sich am steten Rauschen des Wassers.

Man mag lächeln über die Wasserfälle, aber ohne sie könnten die Stuttgarter heute vielleicht nicht mit ihren SUVs zum Breuninger fahren, es gäbe keine Villen in Halbhöhenlage und erst recht keinen Hummer auf dem Stadtfest. Wer weiß, ob Stuttgart ohne die Heslacher Wasserfälle verdurstet, vertrocknet und im eigenen Dreck und Kot erstickt wäre. Denn Ende des Mittelalters war Stuttgart eine aufstrebende Stadt, die zwar ausreichend Wald und Reben besaß, aber nicht genug Wasser. Dabei wollten sie alle Wasser – die Müllersleute für ihre Mühlen, die Armen wie die Reichen – und der Herzog selbstverständlich auch für sich und seine prunkvollen Gärten. Deshalb ließ er 1451 eine hölzerne Leitung von Kaltental ins Alte Schloss legen.

Da die Brunnen in der Stadt für das Volk nicht ausreichten, folgte ein paar Jahre später eine weitere Leitung von Kaltental in die Stadt. Aber obwohl der arme Nesenbach sein Bestes gab, konnte dieses beschauliche Bächlein nicht annähernd den Bedarf decken. An heißen Tagen kam es zu akutem Wassermangel, die Mühlen standen still. Und weil man auch Müll und Fäkalien selbstverständlich im Bach entsorgte, stank es im Sommer zudem oft erbärmlich.

Das hätte der Anfang vom Ende sein können – und der Niedergang Stuttgarts. Herzog Christoph aber setzte eine Expertenkommission ein und ließ auf deren Rat hin die Wasserleitungen erweitern und 1566 den künstlichen Pfaffensee als Wasserspeicher anlegen. Er wurde von der Oberen Glems gespeist und das Wasser über einen 805 Meter langen Stollen zur Heideklinge geleitet – wo es, der Schwerkraft sei Dank, in Wasserfällen ins Tal schoss, direkt in den Nesenbach hinein. Die Mühlen klapperten wieder am rauschenden Nesenbach – und Stuttgarts Zukunft war gesichert.

Heute ärgern sich die Stuttgarter mitunter, wenn sie sich mit Kind und Kegel, mit Regenjacke und Rucksack, Wanderschuhen und Wegzehrung aufmachen – und die Heslacher Wasserfälle gerade so viel Wasser spucken wie eine Massagedüse im Leuze. Auch den alten Stuttgartern reichte das Wasser des Pfaffensees schon bald nicht mehr aus, weitere Seen wurden angelegt: 1618 der Bärensee, 1812 der Steinbachsee und der Katzenbachsee und 1833 der Neue See. Und nachdem die Frischwasserversorgung aus dem Pfaffensee über den Hasenberg abgeleitet wurde, war es mit dem wilden Wasserfall am Wildparkstüble vorbei.

Bei so viel Wasser kann man schon durstig werden. Pech gehabt, das Wildparkstüble ist inzwischen ein Swingerklub – nackerte Herrschaften statt Kaffee und Kuchen. Die Jogger und Biker haben ohnehin ihre isotonischen Powerdrinks an Rad oder Hosenbund baumeln – und die wenigen Spaziergänger hoffen vergeblich auf ein Kännchen Kaffee und Strudel mit Sahne. Wenn man sich eine Weile durchs Unterholz geschlagen hat, über Stock und Stein gestolpert ist und durch unwegsame Wälder gekrochen, ist das kleine Abenteuer deshalb auch schon wieder zu Ende.

Wo nicht gerülpst, gekratzt, geköttelt wird

Man kann in den Ausweis schauen, die Falten zählen oder einen Blick ins Gebiss werfen. Am verlässlichsten lässt sich das Alter eines Menschen aber in der Wilhelma bestimmen. Wenn man nicht sofort zu den Affen und Eisbären rennt, die Elefanten begrüßen und die Robbenfütterung nicht verpassen will, sondern sich plötzlich für Sukkulenten interessiert, den Frauenhaarfarn bewundert oder sich begeistern kann für die perfekt angeordneten Blätter des Schraubenbaumes – dann ist man der Altersweisheit schon sehr nahe.

Man könnte ein ganzes Leben in der Wilhelma verbringen – und würde sich doch nie langweilen. 9 000 Tiere leben in dem Gelände, es gibt 6 000 Pflanzenarten – aber die meisten Besucher absolvieren doch nur das Standardprogramm, der Kinder wegen. Sie stehen freudig quietschend vor den Affenbabys, die mit der Flasche gefüttert werden. Sie ärgern sich, wenn die Krokodile leblos vor sich hindümpeln, statt Furcht einflößend mit den Zähnen zu fletschen. Ein Zoo ist wie eine Zirkusvorstellung, bei der gefälligst etwas geboten werden soll. Wenn die Kap-Klippschliefer nur herumsitzen und blöd glotzen oder die Gorillas in der Ecke liegen und dösen, dann wird es den

Die Fächertaube verbringt ihre Tage im Maurischen Landhaus damit, bewegungslos herumzustehen und ihren schicken Kopfputz zu präsentieren.

meisten Besuchern schnell langweilig. Auf, weiter zur nächsten Sensation.

Dabei lauert die wahre Erkenntnis nicht dort, wo gerülpst, gekratzt, gefressen und geköttelt wird. Natürlich ist es ein fröhliches Hallo, wenn sich das Dschelada-Alphatier aufspielt, ihm die Weibchen mit ihren Jungen auf dem Buckel deppert hinterherrennen und die Meute in blindem Aktionismus den Felsen dreimal umrundet, als sei man mitten in einem Großeinsatz des FBI. Man kann sich kringelig kichern, wenn die Gorillajungen sich Stroh auf den Kopf werfen, Purzelbäume üben oder schimpfen, weil die Menschenkinder demonstrativ Kekse essen und ihnen zurufen „Ätsch, du kriegst nix".

Hat man dagegen eine gewisse Lebenserfahrung auf dem Buckel, öffnen sich die Sinne auch für Dinge jenseits des Allzutierischen – und vermag man gerade dort, wo es unspektakulär zugeht, wahre Schönheit zu finden. Das Maurische Landhaus ist der ideale Ort für stille Anmut, weil hier nicht Orchideen und Azaleen unverschämt drall und bunt um die Wette blühen, weil hier das meiste ohnehin nur grünt. Bei der Agave kann es Jahrzehnte dauern, bis sie ihren Blütenstand entwickelt. Hat sie einmal geblüht, muss sie in Schönheit sterben.

Das gläserne Gewächshaus mit seinen altmodischen Metallstreben ist bodenständig, überschaubar, leise, friedlich. Wie in Watte gepackt fühlt man sich in dem feuchtwarmen Klima. Die Brillengläser beschlagen – das passt, schließlich sollte das Landhaus eigentlich ein Badhaus werden. Nachdem auf dem Gelände Mineralquellen gefunden wurden, wollte König Wilhelm I. von Württemberg hier eine schicke Alhambra wie in Granada bauen lassen und mit Blick übers Neckartal im Wasser plantschen. Doch das Geld wurde knapp, sodass nichts aus dem königlichen Spa wurde. Der König musste mit einem kleineren Wohnhaus vorliebnehmen mit Badezimmer, Kuppelsaal und zwei Gewächshäusern.

Holz wäre billiger gewesen, aber der König legte Wert darauf, dass die Konstruktion der Gewächshäuser aus Eisen gefertigt wurde – damit die Welt sehen konnte, dass Württemberg mit modernen Technologien mithalten kann. Heute fühlt man sich durch die zierlichen, weißen Streben sofort in vergangene Zeiten versetzt, an Paris erinnert, an Kaffeehäuser und Literaten, die im 19. Jahrhundert unter gläsernen Vorbauten nobler Hotels Pastis schlürften.

Inzwischen residiert im Maurischen Landhaus die Fächertaube. Ihren Namen verdankt sie einem recht albernen Kopfputz. Fächertauben können stundenlang einfach nur dastehen und nichts tun. Nur das lustige Muster im Sand lässt ahnen, dass Fächertauben auch stolzieren können, dass sie gelegentlich sogar einen Abstecher zum Futtertrog machen, um dann doch wieder nur herumzustehen und das Köpfchen würdig emporzurecken.

In den Gewächshäusern wachsen Farne wie Palmfarn, Silberdollar und Frauenhaarfarn, Pflanzen, die es schon zu Zeiten der Dinosaurier gab. Die Vorstellung, dass sie bereits vor 250 Millionen Jahren existierten, macht ehrfürchtig, aber auch diese schöpferische Vielfalt lässt einen ganz still und klein werden. Allein die Farbschattierungen machen stumm, wie soll man sie auch beschreiben? Smaragdgrün und laubgrün, moosgrün und grauoliv, flaschengrün, grasgrün, tannengrün, schilfgrün oder gelboliv, maigrün und blassgrün.

Ebenso schnell stößt man zwischen diesen archaischen Gewächsen an die Grenzen der eigenen Wahrnehmung. Man muss sich zwingen, die Details zu entdecken und die unzähligen Blattformen auszumachen: Blätter, die gezackt oder gezahnt sind, elyptisch, fächerförmig oder gebuchtet, gefiedert, gefingert, gelappt, geschlitztblättrig oder lanzettlich, pfriemlich oder fiederspaltig. Kann man die Natur überhaupt erforschen, wenn einem die Worte fehlen?

Schon auf wenigen Quadratmetern lässt sich endlos schauen – und wird das Auge doch nie satt. Man kann verstehen, dass König Wilhelm fremde Pflanzen um sich wollte – exotische Gewächse in exotischer Architektur. „Im gotischen oder lieber im maurischen Stil", so erklärte er seine Wünsche dem Architekten Karl Ludwig von Zanth. Er hätte dem Landhaus gern auch einen maurisch klingenden Namen verpasst, hat sich letztlich aber doch gegen das arabisierte „El Wilhelmie" entschieden. So heißt der Zoo nun eben „Wilhelma".

1842 wurde mit dem Bau des Badehauses begonnen, 1864 war die komplette Anlage vollendet. „Bagdscheserai" nannten einige die Gartenstadt des Königs. Im Landhaus erinnern heute nur noch die Streifen mit rotem und gelbem Standstein und die Hufeisenbögen an die alten Zeiten. Das Gebäude wurde im Zweiten Weltkrieg zerstört – und beim Wiederaufbau 1971 sind die Prachträume des Königs nicht wiederhergestellt worden.

So zwitschert unter dem Glasdach nun ein hübscher Schönlori, der aber so nervös durch seine Voliere flattert wie ein Geschäftsmann kurz vor Vertragsabschluss. Im Obergeschoss fliegt und zirpt es allüberall, schütteln, picken, kratzen und scharren Vögel in ihren Käfigen – und man kann schon auf die Idee kommen, dass der moderne Mensch nicht nur den Affen ähnelt, sondern auch diesem aufgeregten Federvieh, das sich so wichtig und laut haarscharf an der Grenze zur Hysterie bewegt.

Bevor es wieder an die Luft geht, führt der Pfad durch Kakteen und Sukkulenten, durch zart rosafarbenes Gestein, von dem sich das staubige Grün der kargen Pflanzen kaum abhebt. Und zwischen diesen kargen Gewächsen mit stammburtigen Früchten und kugelförmigen Sprossachsen, mit derbhäutiger Rinde und schwammigem Parenchym stellt man dankbar fest, wie erholsam es ist, wenn das Leben manchmal einfach nur leise, selbstverständlich und unmerklich voranschreitet.

Bärenseen //

Die stoische Ruhe der Halswender und Halsberger

Zwei Worte genügen: friedlich und schön. Und schon ließe sich das Kapitel über die Bärenseen wieder beenden. Imposant liegen umgeknickte Stämme im Wasser, knorrige Äste ragen dekorativ in die Höhe, leise wiegt sich das Schilfrohr im Wind. Ob man im Winter bei klirrender Kälte am Ufer entlangstreift oder sich im Frühjahr auf einer Bank die erste Sonne auf die Nase scheinen lässt. Ob man bei sengender Hitze am Bärenschlösschen auf der Wiese liegt oder im Herbst durchs feuchte Laub stapft. Wann man auch kommt: Es ist einfach nur friedlich und schön.

Aber es muss doch mehr zu sagen geben über Bärensee, Neuer See und Pfaffensee, wie sie korrekt heißen. Die drei Seen, die malerisch zwischen altem Baumbestand liegen, sind das beliebteste Naherholungsziel in Stuttgart. Bei schönem Wetter ist hier die Hölle los. Ständig keuchen Jogger vorbei und tauschen japsend Neuigkeiten aus dem Büro aus. Kinderwagenkolonnen ziehen sich über die Uferwege, Hunde jagen Stöckchen nach, und Kinder stolpern über Wurzeln. 3,5 Millionen Besucher bewegen sich pro Jahr zwischen Bärenschlössle und Schloss Solitude durch den Wald. Selbst wenn nur ein Bruchteil von ihnen die Bärenseen umrundet, ist das mehr als genug.

Trotzdem hat der Ort etwas Magisches. Alle Anspannung fällt von einem ab, wenn man über den federnden Weg stapft und eintaucht in die zahllosen Grün- und Brauntöne der morschen Hölzer und karstigen Rinden. Es gibt dürre oder armdicke, raue, glatte oder gefurchte Äste, die einen sind olivgrün und fein behaart, die anderen rötlichbraun und kahl. Rissige und schuppige Rinden wollen befühlt sein, reißende und zerklüftete Borken. Wurzeln wölben sich machtvoll auf und verziehen sich wieder schlängelnd ins Unterholz. Hier prangen nicht herrlich bunte Blüten um die Wette, sondern entfaltet sich ein gedämpftes Farbenspiel, dessen feine Nuancen das Auge ungemein beruhigen und entspannen.

„Das Baden, Bootsfahren, Schwimmen von Tieren und jegliche Verunreinigungen des Wassers und der Ufer sind zu unterlassen" steht auf einem Schild, das schon etwas in die Jahre gekommen ist. Aber das Wasser ist viel zu grün, als dass jemand auf die Idee käme, mit Badehose hinein-zuspringen. Das Ufer ist glücklicherweise auch so dicht bewachsen und unwegsam, dass niemand seine verschwitz-ten Füße im kühlen Nass abzulöschen wagt. Wegen der Unebenheiten lässt sich auch nicht recht die Picknickdecke ausbreiten. Nichts als schlichte Holzbänke, um zu verwei-len und den Blick zu genießen. Einfach nur friedlich und schön.

Das scheinen die beiden Schildkröten auch zu denken, die es sich auf einem der morschen Stämme im Wasser bequem gemacht haben und ihre urzeitlich wirkenden Köpfe in die Sonne strecken. Ob sie Halswender und Hals-berger sind? Die einen krümmen den Hals, bevor sie ihn unter den Panzer ziehen, die anderen fahren den Kopf erst

Das Baden und Bootfahren ist auf den Bärenseen verboten. Zum Glück,
denn genau deshalb sind sie so friedlich und schön.

ein und biegen ihn im Verborgenen s-förmig. Seit 100,
vielleicht sogar 200 Millionen Jahren soll es schon Schildkröten geben, und vermutlich hat ihre stoische Gelassen-
heit sie sämtliche Naturkatastrophen, Klimawandel und
Eiszeitstürme überleben lassen. Man kann schon neidisch
werden, wie sie ganz mit sich im Reinen scheinen und
meditativ den Tag verstreichen lassen, ehe sie wieder
untertauchen und Fischchen schnappen.

An den Bärenseen schlägt ein anderer Takt. Die Bäume
wachsen über Jahrzehnte und Jahrhunderte, immer schön
gemächlich, ein Ring am anderen. Die Adlereiche, die erha-
ben am Wegesrand aufragt, soll 300 Jahre alt sein – und ist
doch noch ein junger Stenz, der es auf tausend Jahre bringen könnte. Wie dick mag dieser Koloss im Jahr 3015 sein,

wenn man doch jetzt schon 13 Schritte benötigt, um seinen massigen Stamm zu umrunden?

Wär' ich ein Baum, stünd' ich droben am Wald.
Trüg Wolke und Stern in den grünen Haaren,

dichtete Erich Kästner.[1] Wär' man ein Baum, man müsste nicht unter Neonröhren und an Schläuchen hängend den letzten Schnaufer tun, sondern würde eines Tages vom Sturm gebrochen, krachend einknicken und bersten. Das Wurzelwerk würde kapitulieren und aus dem Boden gerissen – und in tragischer Schönheit läge man im weichen Moos. Vögel würden in den Höhlen des verrottenden Stammes nisten, Käfer ihre Liebesspiele in den Spalten der Rinde treiben, und viele Jahre könnte man als toter Baum noch mitten im Leben verbleiben, bevor man endgültig zu Humus würde.

Noch aber sind wir am Leben – und knurrend meldet sich auch schon wieder der Magen. Hat man die Enten begrüßt, den Vögeln gewunken und die emsig schuftenden roten Waldameisen bestaunt, ist es höchste Zeit einzukehren. Es gehört zum Ritual, bei einem Spaziergang um die Seen im Bärenschlösschen Rast zu machen. Das tun fast alle Spaziergänger und drängen sich bedürftig vor der Theke und staunen, welche Mengen an Essen aus der kleinen Küche des ehemaligen Jagdschlösschens herausgereicht werden. Tonnenweise Kuchen und Eis gehen an einem Sommertag über den Tresen, Rostbraten, Schnitzel, Maultaschen, Spätzle und Spargel. Man glaubt es kaum, dass es das an einem so beliebten Ort gibt: solide schwäbische Küche zu reellen Preisen – und nicht nur Rote Wurst

und Fritten oder aber überteuertes Chichi à la Shrimps-Wrap und Lachscarpaccio.

Man speist herrlich auf der umlaufenden Terrasse im ersten Stock, kann sich mit seinem Tablett aber auch auf die Wiese fläzen und den Käsekuchen mit den Ameisen teilen. Selbst bei Hochbetrieb ist immer ein Plätzchen zu bekommen. Auf den mit Gras bewachsenen Terrassen auf dem Hang sind geschickt kleine Nischen angelegt, sodass man nie den Eindruck bekommt, in Menschenmassen zu ertrinken. Selbst wenn große Trupps im Bärenschlössle einfallen, funktioniert der Gastrobetrieb erstaunlich flink und reibungslos. „Nummer fünfzig" – ruft der Kassierer ins Mikro, und schon trägt wieder einer sein volles Tablett davon, „einundfünfzig, zweiundfünfzig, dreiundfünzig…"

Ein Ort, der alle versöhnlich und froh zu stimmen scheint. Die Kinder rennen aufgeregt zu dem großen, bronzenen Bären. Alle wollen sie hinauf auf den metallenen Leib des Tieres. „Ist doch ganz einfach", posaunt ein neunmalkluger Bursche heraus, aber es ergeht ihm nicht besser als den meisten anderen Kletterern. Immer wieder rutscht er vom spiegelglatten Metall ab und klammert sich am Bärenohr fest – vergebens. „Das liegt an der Unsportlichkeit", kommentiert eine ältere Dame hämisch das Schauspiel und rührt in ihrem Milchkaffee. Erst als die Mama schiebt und drückt, kommt der Bub auf dem Bären zum Sitzen und ruft auch schon hochnäsig: „Weg da, ich bin der König!"

Über dem kleinen, ehemaligen Schießhaus auf dem Hügel vis-à-vis ziehen die Wolken vorüber, ein herrliches Schauspiel. Keine Strommasten, keine Häuser, keine Werbung, nichts, was das Naturpanorama störte. Die Lage ist perfekt, bei gutem Wetter scheint die Sonne von der Früh bis in die Dämmerung auf das Bärenschlössle. Man kann verstehen, dass sich Herzog Karl Eugen von Württemberg 1768 genau hier ein Lustschloss bauen ließ. Im Erdgeschoss befand sich ein Saal mit exquisiten Wandmalereien und im ersten Stock ein Salon mit kostbarem Deckengemälde. Auf dem See fuhren venezianische Gondeln, die der Herzog von einer Italienreise eigens mitgebracht hatte.

Heute gibt es in Stuttgart kaum mehr Waldflächen, in denen nicht jemand läuft, rennt oder radelt, weshalb hier kaum noch Wild lebt. Karl Eugen konnte dagegen noch große Jagden veranstalten. Statt selbst durch den Wald zu pirschen, ließ er sich aber Hasen, Rehe und Sauen lieber vom Personal zusammentreiben und ballerte drauflos. Manchmal soll er im Furor auch die eigenen Untertanen erlegt haben.

Später wurde das Lustschloss abgerissen, und König Wilhelm I. ließ einen Jagdpavillon errichten. Der wurde 1943 von einer Bombe getroffen – und in den Fünfziger-jahren wiederaufgebaut. Er brannte 1994 ab – und wurde erneut aufgebaut und steht seither fest und unumstößlich. Aber auch wenn man den Eindruck hat, dass das alles immer schon so war, wie es ist, sind die Bärenseen keines-wegs natürlich. Herzog Christoph ließ den Pfaffensee 1566 künstlich anstauen, später folgten Bärensee und Neuer See, um Stuttgart mit Trinkwasser zu versorgen. Das Regler-häuschen Mezgerhaustollen erinnert noch an die einstige Nutzung, auch wenn in Stuttgart längst nicht mehr mit Wasser aus dem Bärensee gegurgelt und geduscht wird.

„Das Amt für öffentliche Ordnung hat ein Eislaufverbot ausgesprochen" mahnt ein Schild am Ufer. Wenn die Seen aber komplett zugefroren sind, was selten genug vorkommt, dann sollte man das Verbot unbedingt ignorieren. Bei knackigen Minusgraden geht es auf den Bärensee zu wie auf einem Pieter-Brueghel-Gemälde. Eltern ziehen ihre Kinder auf Schlitten, einige jagen mit Eishockeyschlägern über den See, andere drehen Pirouetten oder schlittern Händchen haltend übers Eis. Es fehlt nur noch ein Maronenverkäufer. Auch im Winter ist es ein Paradies und gibt es nichts Schöneres, als mit Schlittschuhen über das Eis zu jagen, durchs Schilf zu kreisen und mit leichtem Schwung ans andere Ufer zu gleiten. Jetzt fahr'n wir über'n See, über'n See.

Die Bärenseen sind eine nie versiegende Kraftquelle, sommers wie winters lassen sie die durchs Leben hastenden Menschen wieder zur Ruhe kommen, beruhigen aufgewühlte Seelen und lindern Kummer mit Quaken und Schnattern, Zwitschern und Klopfen, mit raschelndem Laub und glitzerndem Wasser. Und mit den beiden Schildkröten, die, wenn unsereiner sich eines Tages längst bucklig und grau um die Seen schleppen wird, immer noch ungerührt auf ihrem Holzstamm im Wasser sitzen werden. Wenn sie sprechen könnten, wetten, sie würden nur die beiden Worte sagen: friedlich und schön.

HÖHENLUFT

Baugruben und Bagger
Polizei! Ruhestörung!

Es piepst. Jeden Morgen um sieben. Das ist nicht mein Wecker. Ich brauche keinen Wecker mehr, seitdem in Stuttgart der Bauboom ausgebrochen ist. Straßen werden aufgerissen, Baugruben ausgehoben, Rohre verlegt. Allüberall Kräne, Betonmischer, Schlitzwandgreifer und Mörtelpumpen. Und Bauwagen. Bauwagen piepsen, wenn sie rückwärtsfahren. Und sie fahren oft rückwärts.

Ich muss nicht einmal mehr eine Lampe einschalten. Denn es wird auch abends und immer wieder in der Nacht gearbeitet. Riesige Scheinwerfer, die die Großbaustellen ausleuchten, scheinen durch die Fenster und strahlen wie ein fetter Vollmond auf mein Kopfkissen. Selbst an Sonntagen herrscht auf den Baustellen häufig Hochbetrieb.

Jedes Mal, wenn mir das Piepsen der Bauwagen und das Sirren der Kräne die Ruhe rauben, nehme ich mir vor: Jetzt ist Schluss! Jetzt rufe ich die Polizei an! Sofort!

Dann aber schäme ich mich und sehe mich wie ein geiferndes Weib in den Hörer kreischen, dass das verboten gehört. Dass sich auch Investoren an Ruhe-

zeiten zu halten haben. Dass ich ein gesetzlich ver-
brieftes Recht auf Erholung habe.

Aber dann würde der Polizist ja doch nur entgegnen, dass eine Ausnahmegenehmigung vorliegt. Eine
Sondererlaubnis für gesellschaftsrelevante Bauvor-
haben. Für wichtige Immobilienprojekte. Weil es
nämlich vorwärtsgehen müsse in dieser unserer Stadt,
weil Politiker und Bewohner gleichermaßen (er
würde ganz sicher „gleichermaßen" sagen) den Fortschritt herbeisehnen. Und dass sich eine aufstrebende Stadt wie Stuttgart von einer übellaunigen
Spielverderberin wie mir ihre güldene Zukunft nicht
werde kaputtmachen lassen.

„Ich bin gar nicht übel gelaunt", würde ich noch
matt entgegnen, „nur hellhörig". Dann würde ich
beschämt auflegen und reumütig den Bauarbeitern
einen Kuchen backen und dem Kranführer sogar per-
sönlich ein Stück hochbringen.

Ich soll es mit autogenem Training oder Meditation versuchen, rät eine Freundin. Oder auf einen
Berg steigen. Abstand bekommen, Weitsicht. Über
den Dingen stehen. Das ist es, was ich brauche:
Höhenluft!

Le Corbusier-Doppelhaus //

Ein Hauch Weltläufigkeit

„Genial" oder „suuuper", rufen die Besucher, wenn sie schnaufend durch die niedrige Tür raus auf die Dachterrasse treten. Nach der engen Wendeltreppe, die so gar nicht zur heutigen XXL-Generation passt, nach den beklemmend engen Fluren und drückenden Decken öffnet sich hier oben nicht nur die Weite der Stadt, sondern auch das Herz. Völlig losgelöst von der Erde scheint man über den Dingen zu schweben, weil die Brüstung niedrig ist, grad so, als säße man mitten im Himmel. Ein leichtes Lüftchen weht. Das ist Freiheit durch und durch.

Solche Gefühlsduselei, solch albernes sinnliches Erleben hätte Le Corbusier nicht behagt. Der Schweizer Architekt baute 1927 mit Pierre Jeanneret in der Weißenhofsiedlung auf dem Stuttgarter Killesberg nicht einfach ein modernes Doppelhaus, sondern propagierte eine radikal neue Vorstellung von Architektur und Wohnen: wirtschaftlich und funktional, effektiv und standardisiert. Der Gedanke an Möbel solle ausgerottet und durch den Wunsch nach dem allein nötigen Equipment ersetzt werden,[2] tönte Le Corbusier, ganz Purist, und prägte den Begriff der Wohnmaschine. „Herr Corbusier mit strenger Miene, erfindet eine Wohnmaschine", hat der Cartoonist

Wie gerahmt! Auf der Dachterrasse des Doppelhauses von Le Corbusier wird das Panorama wie ein Bild eingefangen.

Hans Traxler gereimt, „für alles gibt's 'nen Raster, und was nicht passt, das hasst er."[3]

Kaum ein Architekt hat so polarisiert wie Le Corbusier, den der Stuttgarter Gemeinderat „aus nationalen Gründen" eigentlich gar nicht dabei haben wollte bei der Ausstellung „Die Wohnung" des Deutschen Werkbunds. „Zu Versuchszwecken" sollten moderne Häuser gebaut und später an Privatpersonen vermietet werden. Letztlich erwies sich Le Corbusier aber als das eigentliche Zugpferd, das die Besucher nach Stuttgart lockte. Immerhin 500 000 Neugierige schauten sich zwischen Juli und Oktober 1927 die neuen Konzepte von Ludwig Mies van der Rohe, Walter Gropius,

Hans Scharoun oder Peter Behrens an, ungewöhnliche Wohnungen für den modernen Großstadtmenschen, der „berufstätig, mobil und gesundheitsbewusst" ist. Also kaum anders als heute.

Aber wäre das Doppelhaus von Le Corbusier und Jeanneret heute bewohnt, kann man sicher sein, dass oben auf der Dachterrasse Daybeds aus wetterfestem Polyrattan stünden oder Teakholz-Liegen mit gestreiften Polstern. In den Betontrögen würden Bambus und Pampasgras wachsen und Glyzinien wie in Bella Italia die Dachstreben und Säulen umranken. Dazu Gartenfackeln und Dekokugeln, LED-Spots und Gartenlautsprecher in Granitoptik. Und wahrscheinlich auch noch ein Koi-Teich und ein Buddha aus Terrakotta. Schließlich ist der wahre deutsche Garten heute japanisch.

Dem Denkmalschutz sei Dank, dass diese gebaute Leere, diese Stein gewordene Stille weitgehend erhalten geblieben ist, wie sie geplant wurde, dass hier nicht einmal ein kleines Museumscafé eingerichtet wurde mit Aperol Spritz, Muffins und SWR-Gedudel. Das Doppelhaus von Le Corbusier und Jeanneret, das Herzstück der Weißenhofsiedlung, ist seit 2006 ein Museum. Manche behaupten, die Mustersiedlung aus den Zwanzigern sei das Internationalste und Berühmteste, was Stuttgart überhaupt zu bieten habe – selbst wenn es immer noch nicht geklappt hat, das Werk von Le Corbusier zum Weltkulturerbe erklären zu lassen.

Aus allen Ländern dieser Erde kommen heute Besucher in das Museum. Meist sind es Architekten und Connaisseure, die sich durch die enge Villa drängen, in der Küche gegen die Einbauspüle klopfen, die farbigen Wände strei-

cheln und sich in die winzige Toilette zwängen. Die Auf-
sicht im Wohnzimmer freut sich, wenn sie mal wieder die
eingebauten Rolladenschränke vorführen und das unterm
Schrank verstaute Bett herausziehen kann.

Le Corbusier dachte praktischer, flexibler und mobiler,
als man es sich bei IKEA je trauen würde. Er wollte „eine
Art Verbindung von Schlaf- und Salonwagen", wie er das
nannte, „entweder für den Tag oder für die Nacht eingerichtet".[4] Aber was ist mit dem Mittagsschlaf, fragt man
sich als dauergestresster Großstadtmensch. Wo ist das Sofa,
um abends die Füße hochzulegen? Bei Le Corbusier müssen die Betten in den Schrank geschoben werden, um ans
Geschirr zu kommen. Die Schiebewand zum Kinderzim-
mer muss offen sein, damit der Esstisch Platz hat. Gemütlich – dafür hat Le Corbusier mit allen Mitteln gesorgt –
wird es in diesem Haus garantiert nicht.

Aber man wollte damals eben Schluss machen mit
Mief, Plüsch und Plunder, mit Teppichen und Troddeln,
den Insignien behäbiger Bürgerlichkeit. Stattdessen glatte
Böden und Flächen, die einfach zu reinigen sind, verschieb-
bare Wände und eine Küche, die konsequent funktional ist.
Die neuen Häuser sollten auch Oasen in den stinkenden
Großstädten sein. Stuttgart war in den Zwanzigerjahren
ein florierender Industriestandort. Es wurden neue Straßen
gebaut, und es entstand markante Architektur – das Kaufhaus Schocken und der Tagblatt-Turm. Nur an Wohnungen
fehlte es.

Die Architekten der Mustersiedlung reagierten auf die
neuen Lebensumstände und dachten nun zum ersten Mal
auch an die Gesundheit der Menschen. Die neuen, großzügigen Dachterrassen waren nicht dazu gedacht, um

hier abends seinen Sundowner zu schlürfen, sondern um frische Luft in die Lungen zu pumpen, um sich körperlich zu ertüchtigen – konkret: um Gymnastik zu machen. Richard Döcker ließ in seinem Haus ein paar Meter weiter sogar eine Sprossenwand montieren.

Aber Undank ist der Architekten Lohn. Auf dem Flachdach des Doppelhauses von Le Corbusier hat niemand je Kniebeugen oder Sit-ups gemacht. Es wollte nach der Ausstellung überhaupt niemand in der flexiblen Wohnmaschine einziehen. Die einen konnten die Miete von 350 Reichsmark nicht aufbringen – ein Arbeiter beim Daimler verdiente gerade mal neunzig Reichsmark im Monat. Aber auch Besserverdienende mochten hier nicht wohnen. Als sich später endlich Mieter fanden, bauten die nicht nur das gesamte Haus um, sondern richteten auf dem Dach auch ein weiteres Stockwerk ein, um mehr Wohnfläche zu gewinnen.

Le Corbusiers Kollegen werden sich insgeheim ins Fäustchen gelacht haben. „Erstarrte Gedankenlosigkeit eines geistreichen Ästheten von Geschmack", schimpfte der Architekt Paul Schmitthenner über das Doppelhaus. Er war Vertreter der Heimatschutzarchitektur und empörte sich, dass die Neue Sachlichkeit international und es deshalb gleichgültig sei, „in welchem Erdteil dieses Gebäude steht".[5]

Aber auch weite Teile der Bevölkerung empfanden die neue Siedlung als fremd und nannten sie belustigt „Araberdorf" und „Neu-Marokko". Die Nationalsozialisten wollten diese „schwere Schädigung des Landschaftsbildes von Stuttgart" eigentlich platt machen, aber dafür sorgten 1944 dann die Bomben – und das, was übrig geblieben war,

wollte man noch bis Ende der Fünfzigerjahre abbrechen. Der Oberbürgermeister Arnulf Klett war ausnahmsweise weitsichtig und setzte sich dafür ein, dass die Siedlung 1958 unter Denkmalschutz gestellt wurde.

Heute ist die Stadt stolz auf das, was Paul Schmitthenner seinerzeit kritisierte: die Internationalität. Steht man auf dem Dach des Doppelhauses, geht es einem wie Hannelore aus der Provinz, der Heldin aus Clara Hohraths Roman „Hannelore erlebt die Großstadt" aus dem Jahr 1932. Sie besucht in Stuttgart Tante und Onkel, die ausgerechnet in „Marokko" in Le Corbusiers Doppelhaus wohnen. Nachdem Hannelore sich das erste Mal auf die Terrasse getraut hat, schreibt sie den Eltern euphorisch: „Ich trat also ganz an die Brüstung vor und da musste ich laut Ah! rufen vor Begeisterung (…) das Herz wurde mir ganz weit, so neu und schön und interessant war die Welt, und ich war ganz voll Erwartung, was ich in diesem schönen, aufstrebenden Stuttgart alles erleben werde."[6]

Auf der Dachterrasse dieses verhöhnten wie bewunderten Doppelhauses sind die Klischees von Spätzleschabern und Rinnsteinfegern wie weggeblasen. Von der Stuttgarter Höhenlage verortet sich die Stadt weltläufig und souverän und weht im wahrsten Sinne des Wortes ein frischer Wind, bis heute.

Wie in einem Bild liegt die umtriebige Welt vor einem, ein gigantisches Panorama, das links vom Kraftwerk in Münster und rechts vom Fernsehturm begrenzt wird. Le Corbusier hat die Säulen und Streben nicht etwa aus statischen Gründen konzipiert, sondern um den Ausblick zu rahmen, ihn wie ein Bild wirken zu lassen. Die Mittelstützen stören dabei bewusst die Idylle, damit niemand auf die Idee kommt, ins Schwelgen zu geraten und sich im kitschigen Postkartenpanorama zu verlieren. Durch die Architektur wird die Stadt auf Distanz gerückt und lässt sich in aller Ruhe studieren, nüchtern, sachlich, unaufgeregt. Le Corbusier und Pierre Jeanneret hatten eben doch Recht: Angenehmer als bei dieser leichten Kühle kann man sich kaum von der Stadt erholen.

Santiago-de-Chile-Platz //

Er kann ja nichts
für seinen Namen

Da hat man 70, 95 oder vielleicht sogar 412 PS unter der
Haube und darf auf dieser verführerischen, innerstädti-
schen Rennstrecke nur fünfzig Stundenkilometer fahren.
Fünfzig auf der bestens ausgebauten Neuen Weinsteige?
Das fühlt sich wie Schritttempo an, wie müdes Schleichen,
wo es doch so viel schneller gehen könnte.

Um die Maßstäbe wieder zurechtzurücken, sollte man
sich einmal im Leben die Mühe machen, die Neue oder besser noch die Alte Weinsteige zu Fuß zu erklimmen, mit
reichlich Proviant auf dem Rücken und wehen Waden hin-
aufzukraxeln und schnaufend der irrwitzigen Steigung zu
trotzen. Während der Schweiß tropft, wird man vielleicht
einen Dankesgruß in den Himmel schicken. Dank an Gott-
lieb Daimler, der uns hügelgeplagten Stuttgartern das Auto
geschenkt hat!

Denn dort, wo sich Alte und Neue Weinsteige treffen,
wird besonders deutlich, wie ungeheuer steil diese Stadt
mitunter ist. Vielleicht ist das sogar der Grund, weshalb die
Schwaben nicht nur stets fleißig, sondern auch äußerst
erfindungsreich waren. Denn ein Frachtfuhrwerk benö-
tigte 16 Pferde, um den einstigen Karrenweg an der Alten
Weinsteige zu bewältigen. Gut möglich, dass den Schwaben

Ideal zum Vespern, Küssen und Träumen: Am Haigst hat man einen gigantischen Blick auf die Stadt.

so viel Pferdestärke auf Dauer einfach zu futterintensiv war – und deshalb das Auto erfunden wurde. Aus schierer Sparsamkeit.

Einerlei, ob man nun zu Fuß hinaufkeucht, mit dem Auto oder der Zacke fährt, man sollte Station machen am Santiago-de-Chile-Platz. An was für einem Platz? Seit wann besitzt Stuttgart einen Santiago-de-Chile-Platz? Generationen kennen die Aussichtsplattform als Haigstplätzle, 2006 aber wurde der Platz neu gestaltet und umbenannt. Die chilenische Botschafterin und der Honorarkonsul von Chile hatten ihren ganz großen Tag und prosteten sich stolz auf dem neu gerichteten Plateau zu. Im Gegenzug gibt es seit ein paar Jahren in Santiago de Chile auch eine „Plaza de Stuttgart".

Das ehemalige Haigstplätzle ist ein Geheimtipp und kein Platz, an dem man zufällig strandet. Hier schaut man vorbei, um den Kopf zu lüften oder weil man bei Liebeskummer Trost sucht. Ein Platz, der wunderbar zum Küssen taugt oder einfach nur zu einer profanen Mittagspause – mit belegten Brötchen, Schokoriegel und Sprudelflasche.

Der Haigst ist eine der besseren Wohngegenden. Stolz hängen Villen an den steilen Hängen, die Gärten sind gepflegt, die Kinder, die mit ihren schweren Rucksäcken aus der Zacke herausgespült werden, gut erzogen. Der Mann schaut trotzdem grimmig. Die Nase spitz, der Mund trotzig und dünnlippig, als würde es ihm nicht gefallen, sein Dasein an so einem exklusiven Plätzle zu fristen mit einer weitläufigen Aussicht, an der man sich noch nach Jahren nicht sattgesehen haben wird. Vielleicht hat er auch einfach nur Heimweh und fühlt sich einsam: Es ist eine Moai-Steinstatue von den Osterinseln – und ein Werk von Bene Tuki Pate. Auch wenn die Skulpturen des Bildhauers heute in Museen und Galerien ausgestellt werden, eigentlich stehen Moai-Statuen nie allein und isoliert, sondern haben sich ursprünglich auf Anlagen für Zeremonien befunden – stets im Kollektiv. Gruppenbild mit Spitznasen.

Immerhin: Der chilenische Honorarkonsul hat auch noch einen großen Granitblock aus dem Maipo-Tal gestiftet, eine massive Steinscheibe von gut einem Meter Höhe. Wie mag dieser schwere Stein aus dem Valle del Maipo, einem berühmten Weinbaugebiet bei Santiago, nach Degerloch gekommen sein? Der Konsul wird ihn wohl kaum beim letzten Urlaub im Handgepäck mitgebracht haben. Haben die Behörden ihn einem chilenischen

Weinlieferanten aufs Auge gedrückt, der ihn dann zwischen seinen Gravas- und Cabernet-Kisten herschaffen musste?

Man kann schon ins Grübeln kommen, wenn man sich das warme Lüftchen wohlig um die Nase wehen lässt und die Beine faul wegstreckt auf einer der Bänke zwischen Buchs, Rosen und Lavendel. Was für Kunstwerke mögen auf der „Plaza de Stuttgart" in Santiago de Chile stehen? Ein gekreuzigter Jesus? Äffle und Pferdle? Oder Rössle mit von Künstlerhand sorgfältig ausmodellierten Rossbollen? Überhaupt: Was mögen Städtepartnerschaften bewirken? Pilgern Stuttgarter Chilenen auf den Platz, um ihr Heimweh zu lindern? Rezitieren sie vor der Büste der streng dreinschauenden Gabriela Mistral deren Gedichte? Ziehen sie den Moai an der spitzen Nase oder legen die Hände auf den schweren Steinbrocken, um heimische Energien zu tanken?

Es ist Mittag. Die Haigstkirche schlägt mit einem so lieblich altmodischen Klang, dass einem ganz wehmütig ums Herz wird vor lauter Friedlichkeit. Wenn man die Ohren spitzte, könnte man fast das Besteck klappern hören. Einen Steinwurf entfernt liegt die „Wielandshöhe". Es ist eine der besten kulinarischen Adressen der Stadt, obwohl – oder gerade weil – der Chef Vincent Klink kategorisch ablehnt, Maultaschen mit Lachs, Hummer, Zitronengras oder Zeitgeist zuzubereiten. Er will keine „Gemüseschnitzkunst" servieren, wie er sagt, und bei ihm kommen auch keine Kräuterblättchen auf den Teller, „nur weil jeder Ochse etwas Grünes sehen will".

Vor allem kann der an sich lustige Vincent Klink richtig ungemütlich werden, wenn Gäste wegen des herrlichen

Panoramas in die „Wielandshöhe" kommen. Dabei ist der Ausblick doch die Belohnung der steigungsgeplagten Städter. Vor allem wird an der Alten Weinsteige ein ewiges Klischee widerlegt, dass Stuttgart bis auf den letzten Zentimeter zugebaut sei. Neben dem Haigstplätzle liegen nicht nur hübsche Schrebergärten, sondern unterhalb der Brüstung eröffnet sich auch wild bewachsenes Niemandsland. Man kann sich kaum orientieren in diesem grünen Dschungel. Die Immobilienhändler scheinen den Hügel noch nicht entdeckt zu haben, vielleicht meiden die Investoren auch das steile und unwegsame Gelände, weil sie mit ihren dicken Daimlern nicht direkt vorfahren können.

„Hie gut Wirtemberg allewege" steht auf einem Gedenkstein, der daran erinnert, dass es sich um einen geschichtsträchtigen Ort handelt. Zu Beginn des 16. Jahrhunderts entstand die Weinstraße, damit man die Trauben ins Oberland bringen konnte. Der Stein markiert die Grenze zwischen „Ob der Steig" und „Unter der Steig". Seit 1534 verlief hier als Folge der Reformation aber noch eine weitere Grenze: Nördlich des Steins lebten die Lutheraner, südlich die Zwinglianer.

Ende des Zweiten Weltkriegs hat ein amerikanischer GI den alten Gedenkstein umgefahren, vermutlich hatte er zu viel getrunken oder war den steilen Stuttgarter Straßen einfach nicht gewachsen. Erst 1995 wurde ein neuer Obelisk aufgestellt und erinnert mit „Hie gut Wirtemberg allewege" an einen Schlachtruf des ersten Herzogs von Württemberg, Eberhard im Bart. Bis heute sollen sich alte Männer bei der Jagd noch die patriotische Formel zuraunen.

Doch, hier oben zeigt sich Wirtemberg von einer besonders schönen Seite. 1831 wurde die Weinsteige in den wohlverdienten Ruhestand geschickt und fristet heute unter dem Namen „Alte Weinsteige" ein friedliches Rentnerdasein. Seither wird der Hauptverkehr auf der Neuen Weinsteige abgewickelt. Der Bau der Panoramastraße war eine ingenieurstechnische Pionierleistung, aber so teuer, dass die Stadt bis 1922 Zoll- und Pflastergeld von denen kassierte, die die Strecke passieren wollten.

„Panta rhei", sagten die alten Griechen, alles ist im Fluss, nicht nur der Verkehr. Erst 1972 stiftete der Verschönerungsverein den Aussichtsplatz „Auf dem Haigst". Bis heute haben seine Mitglieder es nicht verziehen, dass ihr Kleinod umgetauft wurde, nur weil ein Honorarkonsul es so wollte. Auf den Wanderkarten steht deshalb immer noch trotzig: „heutige Namensgebung der Stadt gegen den Wunsch des Vereins".[7] Man kann den Unmut verstehen, nicht nur, weil die Aussichtsplattform auf dem Haigst neben der Haltestelle Haigst und der Haigstkirche nicht mehr Haigstplätzle heißt, sondern dieser beschauliche Ort nun den so umständlichen und großspurigen Namen „Santiago-de-Chile-Platz" trägt, den auch in vielen Jahren vermutlich kaum jemand kennen wird.

Leibfriedscher Garten //

In die Büsche schlagen

Nur zu – möge man kübelweise Hohn und Spott über die Autorin kippen. Sie hat es verdient, desavouiert sie sich doch selbst mit der albernen Behauptung, der Leibfriedsche Garten sei ein stiller Winkel. Still? Da müsste man schon taub sein.

Andererseits: Wer weiß überhaupt, wo dieser Garten liegt? Nicht einmal das Stuttgarter Tourismusbüro scheint den Ort zu kennen, der keine navigationstaugliche Adresse besitzt, auf Stadtplänen meist nicht vermerkt und selbst auf offiziellen Karten im Internet mitunter an der völlig falschen Stelle eingezeichnet ist.

Der Leibfriedsche Garten befindet sich an einem der unwirtlichsten Orte, die Stuttgart zu bieten hat: am Pragsattel, genau an jener Spitze, wo sich B 10 und B 27 treffen. Mehr als 100 000 Autos passieren täglich die gigantische Kreuzung, die Fahranfängern und Auswärtigen den Schweiß auf die Stirn treibt. Hinzu kommen die Züge und zahllosen Straßenbahnen, die Sirenen der Polizei- und Krankenwagen. Nein, ruhig ist es wahrlich nicht.

Und doch gibt es hier alles, was man für einen Ausflug ins Grüne braucht: Wiesen und Wege, Bänke und eine Aussichtsplattform, die eigenwilliger nicht sein könnte.

Schneckenförmig führt ein Pfad hinauf zur Bastion Leibfried, einem Hügel, dessen Spitze man gekappt hat, um
darauf exakt vier Bäume zu pflanzen. Ein exponiertes Plätzchen, das einen ungewöhnlichen Weitblick gewährt, als
habe man einen Berggipfel erwandert. Wer bisher immer
nur mit dem Auto über den Pragsattel gerauscht ist, erlebt
Stuttgart hier aus einer völlig neuen Perspektive und kann
sich vorstellen, wie hier noch vor 200 Jahren Torf gesto-
chen wurde und Bauern auf den Feldern schufteten. Wie
Fuhrleute und Händler mit ihren Kutschen über die holp-
rigen Straßen anreisten und im berühmten Pragwirtshaus
einkehrten für einen Schoppen Wein – aus den Trauben
von der Prag.

„Ich verkaufe Drogen auf dem Schulhof und nenne es
Kinderliebe", hat jemand mit dickem Filzstift auf die Infor-
mationstafel geschrieben – das Aussichtsplateau ist mit
Graffiti verschmiert, dümmlichem Gekritzel. Kronkorken
rosten in den Ritzen der Bodenplatten. Und auch wenn das
Gras ringsum regelmäßig gemäht wird und Reinigungs-
kräfte das Nötigste erledigen, spürt man: Es ist ein Ort des
Niedergangs.

1993 wurde für die Internationale Gartenbauausstel-
lung IGA das „Grüne U" eröffnet und eine Lücke geschlossen. Seither lässt es sich vom Schlossgarten bis zum Killesberg durch einen acht Kilometer langen Park schlendern.
Der Pragsattel wurde kurzerhand umgetauft zur „Haltestelle im Grünen", was keineswegs nur eine hohle Werbe-
botschaft ist. Denn tatsächlich ist man hier oben umringt
von Grün. Auf dem Hang vis-à-vis fließen die Weinreben
weitläufig dahin, linker Hand zieht sich die Natur über dem
Egelsee bis zur Weißenhofsiedlung hinauf. Radfahrer rasen

Eigenwilliges Wahrzeichen auf dem Pragsattel – dem grünen Hügel wurde die Spitze gekappt.

zwischen den Wiesen über die Wege und schlanken Brücken hinweg, Hundebesitzer gehen Gassi, Bänke laden zum Pausieren ein. Wäre nicht das ewige Rauschen, man würde den Verkehrsknotenpunkt Nummer eins glatt übersehen.

Doch, es gibt Momente, auch wenn es nur Bruchteile von Sekunden sein mögen, in denen alles schweigt und alles ruhig ist. Man muss vorsichtig über das stoppelige Gras schreiten. Nur Mut, der Verkehrsstrom wird uns nicht fortreißen und wegspülen. Schnell hingesetzt in den Schneidersitz – direkt vor die vergoldete Naturmanege, die der Künstler Herman de Vries für die IGA ganz vorn an der Spitze aufgebaut hat, dort, wo die Bundesstraßen aufeinanderstoßen. Speere bilden einen Kreis und schützen: die Natur. Wild und ungestüm wachsen im Innern Bäume und Sträucher – und mahnen die autofreudigen Stuttgarter, die Natur nicht gänzlich dem Verkehr zu opfern. Und wenn man eine Weile hier sitzt, die Sonne durch die Wolken schielt und der Wind leise weht, kehrt trotz des steten Rauschens ein Moment des Friedens ein.

Plötzlich versteht man, warum sich Eduard Otto Moser hier niederließ. Moser war ein tüchtiger Kerl. 1818 wurde er in Stuttgart geboren und ging nach einer Konditorlehre auf Wanderschaft. In Paris machte er Karriere als Chef von den „vier größten Etablissements". Zurück in Stuttgart produzierte er in einem Hinterhaus „Pariser Bonbons", die so gut liefen, dass er in der Calwer Straße die Schokoladen- und Bonbon-Fabrik E. O. Moser & Cie. GmbH eröffnete. 1896 tat er sich mit seinem Konkurrenten Wilhelm Roth zusammen, und Moser-Roth in der Heilbronnerstraße war fortan die größte Schokoladenfabrik der Stadt.

Aus dem kleinen Konditor war ein Mann von Welt geworden, entsprechend ließ sich Moser ab 1875 auf dem Pragsattel eine Villa bauen – protzig im Stil der italienischen Hochrenaissance. Sein ganzer Stolz war der prachtvolle Garten mit weitläufiger Terrasse, mit Mammutbaum und künstlicher Grotte.

Nichts ist von Dauer. Die feine Moser-Roth-Schokolade wird heute von Storck produziert und bei Aldi zu Schleuderpreisen verramscht. Moser war kinderlos, die Villa ging an einen gewissen Herrn Leibfried über – und wurde 1944 von einer Brandbombe getroffen und vollständig zerstört. Im „herausragenden Beispiel der Gartenbaukunst des späten 19. Jahrhunderts", wie es in den Geschichtsbüchern heißt, wucherte von da an das Unkraut und machte sich Wildwuchs breit. „Herr Moser", will man da

rufen, „bestellen sie hurtig den Gärtner, damit er Ordnung schafft."

Dort, wo einst die Terrasse war, steht heute ein eigenwilliges Architekturgerippe aus Beton. Müll liegt in den Ecken, Brombeeren wachsen über die Geländer, morsche Holzlatten versperren den Weg, der mitten hinein in ein düsteres Wäldchen führt. Auch hier: Niedergang. Wären die Wegweiser nicht ebenfalls von Sprayern unleserlich gemacht worden, man würde erfahren, dass der Bildhauer Hans-Dieter Schaal zur IGA dieses Kunstobjekt aus Beton verbockt hat, damit die Besucher den verwilderten Garten „übergehen" und über eine große Treppe zu ihm hinab schreiten können. Jetzt ist das Betonmonstrum selbst eine Ruine, die unwürdig altert und auf ewig ein hässlicher Fremdkörper in diesem Stück Wald bleiben wird.

Dabei muss das Gelände rund um den Pragsattel damals bei der IGA schön gewesen sein. 7,3 Millionen Besucher kamen zu der Gartenschau. Die IGA-Hochbahn, die den Spottnamen „Duscholux" bekam, weil die Passagiere bei Regen patschnass wurden, legte während der IGA-Monate eine Strecke zurück, die fast so lang war wie die zwischen Erde und Mond. Viele vergessene und verwahrloste Orte wurden liebevoll begrünt und gestaltet, Gärtner, Künstler, Architekten, Öko- und Ornithologen überschlugen sich mit ihren Ideen, 110 Millionen Mark kostete allein das Grüne U.

Inzwischen ist der Sanierungs- und Stadtverschönerungstrupp weitergezogen und hat neue Winkel der Stadt im Visier. Dan Grahams Kunststation „Gate of Hope", ein riesiges Glas-Metall-Objekt, das an eine offene Pyramide erinnert, ist schwer in die Jahre gekommen. Die Scheiben sind gesprungen und angelaufen, das Metall ist stumpf. Es war gut gemeint, für die Gartenschau auch internationale Kunst anzukaufen, heute ist es nur noch verkommenes Zeug, das das rare Grün in der Stadt verschandelt.

Aber halt, wer durch dieses „Gate of Hope" schreitet, entdeckt plötzlich einen Trampelpfad, der in den zugewucherten Wald führt. Zwei steinerne Sockel markieren den Weg. Es ist ein wenig ungemütlich, Wurzeln und Laub am Boden, Äste, die durchs Haar streifen. Hier hat schon manch nächtliche Party stattgefunden. Aber nur Mut, weiter durchs Gestrüpp. Denn da ist sie plötzlich: die Grotte des Herrn Moser. Schwer liegen die Felsbrocken übereinander – und obenauf glotzt griesgrämig eine in Stein gehauene Männerfratze. Es ist herrlich, allmählich entdeckt man wie ein Archäologe auf Expedition weitere Fragmente dieses einst so prächtigen Gartens. Hier ein Mäuerchen, das den Brunnen umrundet haben wird. Dort Sockel, auf denen Vasen mit prächtig blühenden Pflanzen gestanden haben könnten. Durch das Laub scheint die Sonne auf einen gigantischen Baumstamm. Sechs Arme würden nicht reichen, um ihn zu umfassen. Tatsächlich, es gibt ihn noch, den Mammutbaum des Herrn Moser, mitten in diesem Wildwuchs strahlt seine rote Rinde sanft und schmeichelnd.

Es muss ein Paradies gewesen sein. Die Bediensteten werden über die breite, würdevolle Treppe geeilt sein, um süße Limonade und leichtes Gebäck zu reichen. Ein leises Plätschern im Brunnen, von fern Pferdegetrappel und ein laues Sommerlüftchen. „Mädchen, servieren Sie uns, vite, vite, einige Riegel von Moser-Roths Zartbittrer, dazu ein petit morceau von der délicieuse Schiller-Chocolade und après Mosers composition spéciale edler Dessert-Bonbons".

Bismarckturm //

Distanz zum Gekreuch und Gefleuch

Man kann viel Schlechtes über die heutige Jugend sagen. Sie hat Haltungsschäden, weil sie ständig aufs Smartphone schaut. Sie kennt ihren Goethe nicht mehr. Und unpolitisch ist sie angeblich auch. Aber das muss man ihr lassen: Sie käme nicht auf so eigenwillige Ideen wie eine Schar junger Leute vor etwas mehr als hundert Jahren. Es war die Studentenschaft der Technischen Hochschule Stuttgart. Die jungen Männer wollten nicht etwa die Zukunft gestalten, sondern die Vergangenheit verehren. Sie begehrten nicht auf, sondern ergingen sich in Jubel. Sie waren nationalistisch und stolz. Ihr Held: Otto von Bismarck. So starteten sie eine gigantische Spendenaktion und bauten ihm einen dicken, monumentalen Turm. Dabei war Bismarck zu dieser Zeit längst tot.

Bis heute thront dieses wuchtige Trumm auf dem Gähkopf, dem höchsten Punkt im Stuttgarter Norden. Elegant ist das Monument wahrlich nicht. Zwanzig Meter hoch – aber mit seiner Breite von 8,6 Metern viel zu dick. Die vier Säulen an den Ecken wirken wie fette Wurststampfer. Den Studenten aber gefiel es. „Nun ist sie fertig, unser Stolz und unsere Freude – unsere Bismarcksäule", jubelte bei der Einweihung ein gewisser Karl Krug, Maschinenbaustudent.

„Ragend auf rebenumkränzter Höhe, bald umrauscht von den Eichen des Sachsenwaldes, grüßt sie hinunter in unsere liebe Schwabenresidenz“.[8] Die Festlichkeiten 1904 waren begleitet von einer „erhebend großartigen patriotischen Kundgebung“, hieß es später in der Zeitung. „Die prächtige Weiherede wurde bekräftigt durch den gemeinsamen Gesang des Deutschlandliedes.“

Heute singen junge Leute das Deutschlandlied höchstens auf dem Fußballplatz, und statt Bismarck zu verehren, sitzen sie lieber am Fuß der Säule und feiern mit Bier und Wodka. Hunde springen über die angrenzende Wiese, Kinder rennen, Senioren verschnaufen auf den Bänken und genießen die Sicht. Auf den Tischen sind Mühle- und Schachbretter eingraviert. Die Lenzhalde ist eine sehr, sehr gute Wohngegend, in der gern Einbrecher unterwegs sind und Terrassentüren aufhebeln. Die Häuser luxuriös, die Anwesen gepflegt, die Autos teuer. Nur der Bismarckturm mit dem großzügigen Platz gehört allen, Arm wie Reich, Dackeln, Terriern und Promenadenmischungen, den Heimatlosen als auch Erholungshungrigen aus dem Kessel.

Der Bismarckturm ist ein schönes Ausflugsziel und der ideale Ort, um effizient und schnell zur Ruhe zu kommen. Im Winter kann man auf der Wiese hinterm Turm rodeln. Im Sommer ist das viele Grün wohltuend fürs Auge und besänftigt das Gemüt. Um aber auch den Geist zu lüften und zu leeren, sollte man unbedingt den Bismarckturm erklimmen, Stufe um Stufe. Wir Menschen haben es schwer. Wir müssen Treppen steigen oder Berge bezwingen, um endlich Überblick zu bekommen, Weitsicht, Distanz zum niederen Gekreuch und Gefleuch. Wenn ich ein Vöglein wär'.

„Unser Stolz und unsere Freude – unsere Bismarcksäule" wurde bei der Einweihung gejubelt. Heute kann man für fünfzig Cent die Aussicht genießen.

Ist man die Treppen im Turm aber erst einmal hinaufgeschnauft, begleitet vom monotonen Rot der Backsteinwände – so landet man ganz knapp unterm Himmel. Diese Aussichtsterrasse ist fantastisch. Fernblick in alle Richtungen. Hier oben lässt sich's frei sein, die Weite genießen. Völlig losgelöst von der Erde. Für nur fünfzig Cent.

Vielleicht war es doch keine so üble Idee der Studenten, diesen Turm zu errichten. Wenn man sich den Wind durchs Haar wehen lässt, schert es auch nicht mehr, dass es kein würdiges Stuttgarter Denkmal ist, sondern ein massiger Null-Acht-Fünfzehn-Turm. 1899 gewann der Architekt Wilhelm Kreis den ersten, den zweiten und auch noch den dritten Preis beim Wettbewerb um die Bismarcktürme, den die Deutsche Studentenschaft ausgeschrieben hatte. In sage und schreibe 47 Städten wurde das Modell

79

„Götterdämmerung" von Wilhelm Kreis gebaut – so auch in Stuttgart. Die Bismarck-Euphorie im Land muss enorm gewesen sein, 240 Bismarcktürme wurden errichtet. An die 150 von ihnen sind noch erhalten.

Bis auf seine fantastische Aussicht hat der Stuttgarter Turm eigentlich nicht viel zu bieten. Im Eingang hängen ein paar alte Artikel und knappe Informationen an den Wänden. Man kann auf den massiven Stein klopfen – Stubensandstein aus der Region. Man kann abmessen, ob der Grundriss wirklich quadratisch ist. Doch, ist er. Man kann noch den Reichsadler fotografieren, der an der Südseite als Relief eingearbeitet wurde, und sich ansonsten versuchen vorzustellen, wie es früher auf dem Turmkopf brannte. Denn dort stand eine riesige Schale, in der an wichtigen Gedenktagen ein Feuer entzündet wurde: zu Bismarcks Geburtstag, zu Bismarcks Todestag und am Tag der Reichsgründung. Auf alten Fotografien kann man noch sehen, wie die riesige Flamme imposant in den Himmel stach.

Gedenkfeuer werden schon lange keine mehr entzündet, weil die Studenten heute lieber am Computer hängen, statt sich für einen wie Bismarck zu engagieren. Deshalb wäre die Sache mit dem Stuttgarter Bismarckturm auch beinahe schlecht ausgegangen. So monumental und trutzburg-trotzig er wirken mag, in den Sechzigerjahren begann die Substanz heftig zu bröseln. Ein Aufstieg war nicht mehr möglich, schließlich brachen sogar schwere Brocken aus der Brüstung. Erst 2002 wurde der Turm endlich saniert und wiedereröffnet – und seither kümmern sich Ehrenamtliche um das Denkmal und verkaufen die Eintrittskarten. „Willkommen an einem der schönsten Aussichtspunkte in Stuttgart" steht auf dem Ticket.

Ein kleiner, feiner Ausflug, der den Horizont erweitert. Ein Blick über die Hügel der Stadt, zum Fernsehturm oder Birkenkopf – und schon ist der Geist frei und fließen die Gedanken wieder leicht dahin. Flott die Stufen hinunter und raus an die Luft, beschwingt, durchgelüftet und schon ein wenig hungrig. Nur schade, dass es hier keinen Kiosk gibt oder eine Imbissbude. Einen kleinen Happen hätte man sich jetzt verdient. Was darf's denn sein? Na, was wohl, natürlich Bismarckhering mit Bratkartoffeln. In memoriam. Schließlich pflegte Bismarck zu sagen: „Wenn Heringe genau so teuer wären wie Kaviar, würden ihn die Leute weitaus mehr schätzen."

Kanonenhäuschen //

Zwischen feinen Villen

Man würde sich nicht wundern, wenn plötzlich eine Hexe in der Tür stünde, ein buckliges Weib mit Raben auf der Schulter und dicker Warze auf der Nase, die einem entgegenhumpelt und schrill krächzt: „Wen haben wir denn da?" Dann würde sie einem mit ihrem Stock auf den Hintern klopfen: „Hurtig, hurtig! Geh' in den Wald und bring mir Holz. Oder willst du ein altes Weib erfrieren lassen?"

Dabei gibt es hier keinen finsteren Wald. Sondern nur feine Villen, gepflegte Gärten und dicke Autos. Sicherheitskameras und Alarmanlagen bewachen die Grundstücke, auf den Einfahrtstoren warnen Schilder „Vorsicht vor dem Hund". Einen Steinwurf entfernt entstehen „individuelle Eigentumswohnungen mit Top-Ausstattung und Bestlage". Hier ist das Geld zu Hause. Alles vom Feinsten.

Aber was um alles in der Welt hat dieses Hexenhäuschen hier verloren? Dieses windschiefe Backsteingebäude mit winzigen Fenstern und Holztür, mit einem langen, steil emporwachsenden Kamin und ulkigen Dachaufbauten? Wild wuchern Büsche und Hecken, Baumriesen tauchen das Häuschen und den Platz davor in kühlen Schatten. Wie konnte diese kleine Herberge hierher gelangen, zwischen Bürgerhäuser in vornehmem Rosé, Jugend-

Das kauzige Hexenhäuschen aus dem Jahr 1702 passt so gar nicht in
die feine Wohngegend auf der Gänsheide.

stilvillen, neoklassizistischen Palästchen und Bauten der
Stuttgarter Schule?

Falsche Frage! Denn das Kanonenhäusle war zuerst da.
Es stand schon lange, bevor sich hier Stuttgarter Künstler
und Kulturschaffende, Mäzene und Feingeister nieder-
ließen – Männer wie Willi Baumeister und Robert Bosch,
Paul Bonatz und Max Bense. Wilhelm Wagenfeld lebte hier,
der die berühmten Salz- und Pfeffer-Streuer „Max und
Moritz" erfand, auch Poldi Domberger, zu dem sogar berühmte Künstler aus dem fernen Amerika reisten, weil er
die besten Siebdrucke fertigte.

Das Kanonenhäusle stand schon viel früher hier, schon
zu einer Zeit, als auf der Gänsheide noch Erika und Ginster
wild wuchsen und man höchstens Kühe, Schafe und Gei-

ßen traf, die sich auf den unbebauten Hügeln satt fraßen. Das Stuttgarter Leben fand drunten im Kessel statt – oben auf der Gänsheide gab es nicht mehr als frische Luft und einen gigantischen Panoramablick. Deshalb wurde 1702 genau hier das Kanonenhäusle errichtet. Falls es irgendwo brennen sollte, würde eine „eigne hin zu reitten bestellt Person" eine der zwei Lärmkanonen abfeuern, womit die Nachbarschaft „von der obhabenden Gefahr gewahrschauet und benachrichtigt werden soll", wie es in der Feuerordnung von 1703 festgeschrieben wurde. Telefon gab es schließlich noch nicht.

Aus Fehlern wird man klug. 1702 brannten in Esslingen 200 Häuser lichterloh ab, die Stadt lag von heute auf morgen in Schutt und Asche. Das sollte den Stuttgartern nicht auch passieren, die Kanonen sollten es richten. Aber auch wenn die Wärter ihr Bestes gaben, es kam trotzdem immer wieder zu Feuersbrünsten, die mal eben 40, 50 Häuser wegfegten.

Ein Mann bringt den Müll raus zur Tonne. Das also ist die Hexe. Nachdem das Kanonenhäusle seit 1974 leer stand, sicherte ein Verein schließlich das Überleben des Hexenhäuschens, das seither privat vermietet wird. Damit der Oberfeldwächter das Haus auch bewohnen kann, wurde 1863 ein weiteres Stockwerk obendrauf gesetzt. So hatte der Wächter Wohnzimmer und Küche zur ebenen Erde und darüber zwei weitere Räume. Die Miniaturausgabe eines Einfamilienhauses – wenn auch etwas verwinkelt und eigenwillig.

Zwei Jungen haben ihre Räder an den Baum gelehnt und es sich gemütlich gemacht auf der Holzbank. Die Blätter rascheln über ihren Köpfen, Vögel zwitschern, und es herrscht wohlige Ruhe. Hier lässt es sich aushalten. Und

doch fehlt dem Quartier eines: Weite. Die Stuttgarter Topografie zeigt sich besonders tückisch und verwirrend, die Straßen verlaufen kreuz und quer, sodass man leicht die Übersicht verlieren kann. Die Gänsheide besitzt nicht die Weitläufigkeit anderer gehobener Wohngegenden, jeder Quadratmeter wird hier genutzt, sodass selbst der Luxus beengt, verwinkelt, eingezwängt wirkt.

Nur das Kanonenhäuschen steht entspannt und friedlich da, der kleine Vorgarten und das Stück Park mit Holzbank und Wiese verleihen dem Fleckchen sogar etwas Großzügiges. Offen und frei für jeden zugänglich – und nicht hinter Mauern und Zäunen verschanzt.

Schwer vorzustellen, dass genau hier, unter dem wild schießenden Unkraut vor 212 Millionen Jahren der Liliensternus über die Hügel hüpfte. Er reckte seinen langen Hals und fraß die Blätter von den Bäumen. Der Raubsaurier hatte kurze Vorderbeine und sehr lange Hinterfüße mit nur drei Zehen, die tiefe Spuren im lehmigen Boden hinterließen. Als der Garten der Villa Bosch angelegt wurde, fand man zahlreiche Fährten des dreizehigen Dinosauriers.

Bei dem vielen Gestrüpp rund um das Kanonenhäusle könnten sich die Saurier eine Weile die Mägen vollschlagen. Aber sie würden sich vermutlich auch bald an die Zierrosen und Hortensien in den benachbarten Gärten machen, die vornehm kupierten Buchsbäume kahl fressen und den Zierrasen zertrampeln. Das würde den Bewohnern nicht gefallen. Sie würden protestieren, wie sie es immer getan haben, wenn jemand in ihre exquisite Wohnlage eindringen wollte. Im 19. Jahrhundert wurden die ersten Sommer- und Landhäuser gebaut, irgendwann kamen Villen dazu. Damit das so bleibt und die schöne Wohnlage nicht mit

Wohnblöcken und Mietskasernen für jedermann verschandelt wird, setzten die Bewohner durch, dass das Viertel amtlich als „Villenquartier" festgeschrieben wird. Wichtig waren auch die Gasthäuser „Zum Bubenbad" und „Zum Heidehof", schließlich nahm man es hier oben mit der Sperrstunde nicht so streng.

Und so blieb es dabei, dass sich in den folgenden Jahrzehnten vor allem kunstsinnige und wohlhabende Bewohner ihre Villen bauten. Villa Oppenheimer, Villa Kohlhammer, Villa Libanon, Villa Kopp, Villa Scheufelen, Villa Bonatz, Kurhaus Zorn. Damals wie heute, das Kanonenhäuschen passt einfach nicht in die Gegend mit seinen gerade mal dreißig Quadratmetern Wohnfläche. Dieses kauzige, aus der Zeit gefallene Hexenhäuschen mit dem winzigen Garten, das so unspektakulär und friedlich im Schatten liegt. Vielleicht wohnt ja doch eine Hexe darin – aber wenn, dann kann es eigentlich nur eine gute sein.

Blauer Weg //

Normalität auf dem Millionärshügel

Der Name hat etwas Poetisches. Blauer Weg, das klingt wie Blaue Stunde, wie das magische Zwielicht der Dämmerung. Menschen geraten ins Schwärmen, wenn sie vom Blauen Weg berichten. Als „Florentinischer Höhenweg" wurde er schon besungen, als Pfad mit italienischer Wärme, als paradiesischer Ort mit „stillen Oasen" und „epikureischen Gärten". Höhenluft, Gartenpavillons – am Blauen Weg weht Leichtigkeit.

Und dann das: Ist man endlich die unverschämt steile Hasenbergsteige hinaufgekeucht, begrüßt einen eine Gegend, die unsympathischer kaum sein könnte. Auftrumpfende Villen und Paläste ragen hinter hohen Zäunen und Toren auf. Überwachungskameras lauern den Spaziergängern auf, Schilder drohen Neugierigen mit „Vorsicht, scharfer Hund!". Die Klingelschilder verraten, dass hier nicht Menschen wie du und ich wohnen, sondern: Dr. A.K.P. und R.K. u. E.K.W. Nebenan wohnen Ph.G. und M.R. Das schafft Distanz, als wolle man sich so das gemeine Volk vom Pelz halten.

Der Blaue Weg markiert die Grenze zwischen den Stinkreichen und der Stadt. Oberhalb erstrecken sich – verschanzt hinter Zäunen und Mauern – die Parks der Villen.

In Richtung Tal aber liegen steile Obstbaumwiesen mit knorrigen Bäumen und wilden Wiesenblumen, mit Brombeerhecken und Wasserbottichen. Der Blaue Weg ist eigentlich eine schmale Straße, die von einer Trockenmauer gesäumt wird. Angeblich speichert sie das Sonnenlicht und wärmt die Spaziergänger wohlig.

Unter einem Panoramaweg würde man sich mehr Weite und Freiheit vorstellen – und nicht diesen artig begrenzten Pfad. Dafür entschädigt der Blick rüber auf die Degerlocher Höhen. Kinder stehen um eine tote Blindschleiche herum und schreien freudig erregt „Iiii" und „Äääh" und „Mama, guck mal". Hunde rennen fliegenden Stöckchen hinterher, junge Eltern schieben leise plaudernd den Kinderwagen. Einige Gartenbesitzer haben Mirabellen und Tomaten an den Weg gestellt – die Schale zu 2,50 Euro. Hier gibt es kleine Blumensträuße zu kaufen, dort ulkig gewachsene Kürbisse, garantiert bio. „Mische Tun mit Nichtstun ..." steht auf einer Holzbank. Harmlos und friedlich ist dieser mit 900 Metern viel zu kurze Pfad. Zwischen den Holundersträuchern und Feuersalamandern ist die Welt noch in Ordnung.

Wie dankbar ist der Städter für diesen Hauch Ursprünglichkeit. Aber viel zu schnell endet der Blaue Weg schon wieder am Waldrand unter dem Gipfel des Hasenbergs. Irgendwo im Gebüsch modert das Waldhaus vor sich hin, das einmal eine schöne Adresse gewesen sein muss, ein richtiges Ausflugslokal in deutscher Manier. Jetzt ist es verlassen, vergammelt, verfallen, der Glaskasten für die Speisekarte wurde eingeschlagen, die Fenster verrammelt. Das Waldhaus – eine Bruchbude. Ein paar Meter weiter das Hauff-Denkmal – und schon steht man wieder vor den

Am Blauen Weg liegen herrliche Obst- und Gemüsegärten. Je nach Saison
verkaufen die Besitzer Tomaten, Blumen oder Mirabellen.

großspurigen Villen, die dem Hasenberg den Spitznamen
gegeben haben: Millionärshügel.

Viele Menschen haben Parkplätze, Discounter oder
Glascontainer vor der Haustür, auf dem Millionärshügel
liegt den Bewohnern ein Skulpturenpfad zu Füßen. Auch
der Künstler Otto Herbert Hajek wohnte an der Hasenbergsteige und hat die Grünanlage in ein öffentliches
Museum verwandelt. Hajek war ein Kontaktgenie, mit
Politikern und Wirtschaftsvertretern auf Du und Du,
sodass er zu Stuttgarts Vorzeigekünstler wurde, der nicht
nur zahlreiche Auszeichnungen, Doktorhüte und Ver-
dienstmedaillen bekam, sondern auch die halbe Stadt mit
seinen Skulpturen pflastern durfte. Überall, ob beim SWR,
am Leuze oder an der Vaihinger Uni stehen noch immer

seine „Wegzeichen" und „Stadtzeichen", diese ausgetüftelten Konstruktionen aus geometrischen Elementen mit abgeknickten Spitzen und aufgebrochenen Kuben. Hajek sei der „künstlerische Ausstatter der Bonner Republik und ihrer Fußgängerzonen", spottete einmal ein Kritiker.

Auf der Grünanlage auf dem Hasenberg hat er sich aber sein größtes Denkmal gesetzt. Dutzende Skulpturen sind hier versammelt aus Marmor, Eisen, Stein oder hoch poliertem Stahl. Manches gepflegt, anderes unschön gealtert. Eintritt frei, Kunst für jeden, mitten im Alltag. Aber es steckt auch eine imperialistische Geste dahinter, dass hier ein Künstler so hemmungslos den öffentlichen Raum okkupiert. Man braucht eben die richtigen Kontakte, auch in der Kunst.

Genug von den geknickten Streben und den blau und rot gestrichenen Betonkuben. Fort von den Kamera-Augen, die einen auf Schritt und Tritt zu begleiten scheinen. Höchste Zeit für den Abstieg auf der steilen Steige. Zurück ins gewöhnliche Leben mit Glascontainern, Parkplätzen und Discountern, Lärm und Trubel, aber Menschen mit vollständigen Namen: Cakir, Tozzi, Dumitrescu, Pfleiderer, Braun.

Stuttgarter Hafen //

Karpfen und Brachsen

Nur 52 Stunden – dann wäre man in Rotterdam oder Antwerpen. Man könnte sich an Deck eines Frachters setzen und die Landschaft vorbeiziehen lassen, abends mit dem Kapitän noch anstoßen und sich nachts auf der Pritsche von den Wellen in den Schlaf wiegen lassen. Die Mannheimer würden einem „Wie geds aisch?" rüberrufen – „Alla guud". Festgezurrt an den Mast könnte man den Sirenengesängen der Loreley lauschen. Bei Sonnenuntergang ein Kölsch – und am nächsten Tag wäre man pünktlich zum „Goedemorgen" in den Niederlanden.

Man kann ins Träumen kommen, wenn man am Neckarufer sitzt und der Wasseroberfläche beim Sichkräuseln zuschaut. Am Wochenende ist der Hafen wie ausgestorben. Einsam und verlassen lässt sich manches Betriebsgelände erobern, über Parkplätze und Verladestationen kommt man ans Ufer und kann sich ein Plätzchen an der Kaimauer suchen. Niedliche Lampen mit Pilzköpfen stehen an den Treppchen, Gräser wachsen aus den Ritzen, Krähen schimpfen, und die Sonne scheint auf die Hügel ringsum. Es weht eine steife Brise, und mit etwas Fantasie riecht es sogar ein wenig nach Meer. Jetzt eintauchen ins Wasser und sich davon treiben lassen bis ans Ende der Welt!

Es gibt zwar keine Fischrestaurants und keine Tretboote, dafür besitzt
der Stuttgarter Hafen morbiden Charme.

Immerhin, Stuttgart besitzt einen Fluss und einen Hafen.
Aber natürlich sitzt man hier nicht so genüsslich wie in
Övelgönne, dem Hamburger Strand an der Elbe, wo man
in einem der kleinen Lokale bei panierter Scholle mit Bratkartoffeln den riesigen Containerschiffen zuschauen kann.
Der Neckar ist nur ein kleines, ein bescheidenes Wässer-
chen, freundlich und harmlos.

Der harmlose Neckar? Das ist ein Widerspruch in sich.
Der Name *Neckar* stammt aus dem Keltischen und bedeutet „heftiger, böser, schneller Fluss". Zwischen Plochin-
gen und Mannheim fällt das Gewässer immerhin um
161 Höhenmeter. Deshalb schoss der wilde Bursche Jahrhunderte lang über Stromschnellen, floss reißend durchs
Tal und lehrte die Menschen das Fürchten. Hochwasser war
an der Tagesordnung, immer wieder hielten die Stuttgarter

Bittgottesdienste ab und durften nicht tanzen gehen, weil die Cannstatter ihre Häuser verlassen mussten. Manchmal schwammen sogar die Zelte fürs Volksfest mit den Fluten auf und davon.

1442 wurde im Nürtinger Vertrag festgeschrieben, dass „der Neccar eröffnet und schiffbar gemacht werden soll", aber erst Anfang des 18. Jahrhunderts gelang es, den Verkehr auf dem wilden Wasser zu aktivieren. Der Stuttgarter Hafen selbst ist viel später, 1958 eröffnet worden. Es war für die Stadt ein ähnlich gigantisches Projekt wie Stuttgart 21 und kostete fast 33 Millionen Mark. Zum großen Festtag reisten mehrere Tausend Gäste aus dem In- und Ausland an, es gab Böllerschüsse, Kettenrasseln und laut hupende Schiffssirenen. Schüler wurden engagiert, um zu winken und zu jubeln und bekamen zum Lohn eine Rote Wurst mit Wecken. Die Polizeikapelle spielte den „Stuttgarter Hafensong", der sich kritische Töne erlaubte:

Schiff ahoi, der Beutel rinnt,
weil's so viele Gäste sind,
Doktor Klett speist die Dreitausend
und verkündet ihnen schmausend:
einen Hafen haben wir,
ganz Europa landet hier.

Die Kultur hat sich schon ein paar Mal in den Hafen gewagt. Während des Festivals „Theater der Welt" saßen die Zuschauer am Kai, und mehr als zwanzig Chöre fuhren auf Schiffen an ihnen vorüber und sangen Lieder vom Reisen und von Fern- und Heimweh. Beim Festival „Orient-Express" saßen die Zuschauer wieder hier, aber diesmal wurde in einem Eisenbahnwaggon auf den Gleisen Theater gespielt. Auch bei der „Langen Nacht der Museen" pilgern die Kulturfreunde an den Hafen. Trotzdem kann man als Stuttgarter leicht vergessen, dass die Stadt überhaupt einen Hafen besitzt. Er ist wie abgeschnitten und abgelegen, hat keine schönen Aussichtsplattformen, um den Schiffen zu winken, keine Fernrohre und Souvenirläden. Das Stuttgarter Wochenblatt hat 2011 ein „Hafen-Lied" veröffentlicht, einen Klagegesang: „Ich liebe meine Heimat, und ich will gar nicht auf sie spucken, ich hätte sie nur gern maritimer, als sie ist".

Aber die riesigen Tore der Obertürkheimer Schleuse sind immerhin doch so imposant, dass die Spaziergänger gern den Fotoapparat zücken, auch wenn es eine Weile dauern kann, bis endlich ein Schiff vorbeikommt und acht Meter in die Höhe schwebt oder sinkt. Fallhöhe heißt das offiziell.

Staunend steht man plötzlich vor Wohnhäusern, die wirken, als hätten sie sich hierher verirrt. Im Garten flattert eine Totenkopfflagge, die Kinderschaukel hat Blick aufs Wasser. Wohnen am Fluss könnte man es nennen, aber es ist eben auch Wohnen an Gleisen und Containern. Hier hat man keinen Bäcker oder dm-Markt um die Ecke, sondern liegen Taue und Drähte, Schläuche, Säcke und Seile herum.

Schaut man aber genau hin, entdeckt man durchaus kleine Idyllen: Vis-à-vis des Mercedes-Benz-Werks Mettingen sitzen ein paar Leute am Ufer und angeln. Sie haben es sich auf Campingstühlen bequem gemacht und jede Menge Proviant dabei, Kekse, Brötchen, Getränke. Zum Glück, weil die Angeln zwar schon seit Stunden im Wasser hängen, aber noch nichts angebissen hat. Karpfen und

Brachsen gebe es, erzählen die Hobby-Angler, sie hätten auch schon Aale aus dem Wasser gezogen. Heute aber ist der Neckar zu ruhig, nichts kommt vorbeigeschwommen. „Macht nichts", sagen die beiden Paare, „wir sitzen einfach gern hier draußen".

„Wasser- und Schiffahrtsamt" steht auf einem Wegweiser um die Ecke. Wo ist denn das F abgeblieben? Heute schreibt man doch Schifffahrt und Betttuch, Kunststoffflasche und Kaffeeersatz, Brennnessel und Balletttruppe. Drei statt zwei. Helllila, schnelllebig, stickstofffrei, fetttriefend. Aber das muss das „Wasser- und Schiffahrtsamt" nicht scheren, Hauptsache, es gibt korrekt die Kennzeichen für Boote aus und erteilt die Genehmigung, wenn jemand auf dem Necker eine Veranstaltung machen will.

Über den Neckar schippern pro Jahr rund 7 000 Binnenschiffe und transportieren an die acht Millionen Tonnen Güter. Das mag nach viel klingen, aber der Umwelt wäre es recht, wenn es mehr würden, schließlich kann ein Frachtschiff siebzig Lastwagenladungen an Bord aufnehmen. Das muss man sich vorstellen, siebzig LKW im Stau auf der A 81 anstelle eines einzelnen Kahns, der entspannt übers Wasser gleitet.

Wer mit dem deutschen Fernsehen groß geworden ist, der weiß, wie es auf so einem Frachter ausschaut – nämlich wie auf der MS Franziska, die durch den deutschen Vorabend schipperte und die Zuschauer bei Laune hielt mit Ruderschäden, Ärger mit den Schiffspapieren oder Sorgen um die Lotsenvereinigung. Die Frauen an Deck trugen Latzhosen und machten das Leben auf der fahrenden Wohnung lebenswert mit Geranien an Deck und dampfendem Kaffee. Sogar der Opel Kadett fuhr mit.

Wer weiß, ob die Stoßstange des Wagens jetzt hier auf diesem riesigen Schrotthaufen liegt. Meterhoch ist das Metall aufgetürmt, Küchenspülen, Klappleitern und Waschmaschinentrommeln sind darunter, Fässer, Rohre und Felgen, Heizkörper, Badewannen und Dunstabzugshauben. So endet es mit den tüchtigen Geräten aus dem Elektrofachhandel. Das solide Material, teuer erworben, ist gebogen, geplättet und geknautscht, als wäre es aus Knete.

Wertstoffhöfe und Deponien liegen am Mittelkai, Stahl-Service-Center und Industriemontage-Unternehmen. Die riesigen, menschenleeren Hallen und Bauten sind aufregend, aber auch ein wenig unheimlich. Hier sind Vorderachshälften gestapelt, dort flattern warnende Zettel: „Unfallgefahr: Defekter Ladungsträger zur Instandsetzung". Stofffetzen (fff!) werden über den Boden gefegt. Überall knackt und knarzt es. Wehe, wenn sich die Kräne und Waggons auf den Gleisen plötzlich in Bewegung setzen, wenn die Greifarme zu surren beginnen und gefährlich in den meterhohen Schrott hineinfassen. Dann ist es vorbei mit der beschaulichen Idylle der MS Franziska, dann fühlt man sich eher an „La Cabina" erinnert, jenen schaurigen Film von 1972 über einen Mann, der in einer Telefonzelle feststeckte. Er wurde samt Zelle auf einen LKW geladen und schließlich in einer vollautomatisierten Industrieanlage abgeladen, über zahllose Schienen und Gleise transportiert, bis er von Geisterhand letztlich abgestellt wurde – zwischen anderen Telefonzellen. Darin, Hilfe: menschliche Skelette. Warte nur, balde faulst du auch ...

Nur fort, nur noch ein letzter Blick hinauf auf die Fassade eines mächtigen Baues geworfen: „Kauf Frießinger Mehl und du gehst nicht fehl" steht da – und inmitten

dieses überdimensionierten, unwirtlichen wie abenteuer-
lichen Gewerbegebietes erinnert man sich doch wieder
daran, dass es das ja auch gibt: Sonntagskuchen aus gutem
Frießinger Mehl und dazu ein Kännchen schwarzer Kaffee.

Kaffee? An den sollte man im neu eröffneten Hafen
angeblich besonders günstig kommen. Zumindest wurde
die Nachricht öffentlich, dass ein Kaffeefrachter in Stuttgart angelandet habe, der seine Ladung schnell und billig
löschen wollte – zollfrei. „Liebe gute Kaffeetanten, die
zur Neckarschleuse rannten, dass sie's konnten kaum verschnaufen, bill'gen Kaffee einzukaufen", stand tags drauf
in der Untertürkheimer Zeitung. Denn April, April, die
Nachricht vom Kaffeefrachter war nur ein Aprilscherz,
sodass das Blatt zum Troste schrieb: „Sonnenschein und
frische Luft, Vogelruf und Frühlingsduft, braucht ihr nach
dem kalten März, und nicht Kaffee, denkt ans Herz!"

SPURENSUCHE

Ärgerlicher Ärger
Der Nieselprim
soll schweigen

Krach beim Bäcker. Die Brezeln sind aus. „Das kann doch nicht wahr sein", schimpft die Frau vor mir, „da können sie ihren Laden gleich dicht machen, wenn sie nicht mal genug Brezeln backen können." Es ist aber auch zum Verzweifeln. Zum Auswachsen. Wo man auch hinschaut – nichts als Ärger. Funkloch. Strafzettel. Papierstau. Regen. Akku leer und Glascontainer voll. Die Milch sauer, der Kollege zu spät und das Benzin zu teuer. Und als ich kürzlich meine Wäsche von der Heißmangel abholen wollte, war der Laden verschwunden. Einfach vom Erdboden verschluckt. Samt meiner Bettlaken.

Ich habe gelesen: Wer sich ärgert, drückt damit eine kreative Lebendigkeit seiner Seele aus. Deshalb ärgere ich mich, so oft ich kann. Über rote Ampeln und pfeifende Männer. Über Kugelschreiber und Paketboten, Ketchupflaschen und Raucher, über Fettflecken, verspätete Züge, laute Bässe und Plastik im Biomüll. Wobei das noch harmlos ist. Eine Freundin tobt, wenn sie ihren Nachbarn trifft. „Muss man so dermaßen hässliche Pullover anziehen?", schreit sie dann.

Bei uns im Büro fahren seit Wochen nur noch zwei von vier Aufzügen. Ich habe das mal ausgerechnet: Wenn 500 Angestellte jeden Morgen nur fünf Minuten auf den Aufzug warten müssen, kommen in einem Jahr 10 000 sinnlos vergeudete Arbeitsstunden zusammen. Das kostet den Arbeitgeber eine Stange Geld. Dafür spart er aber die Aufzugreparatur.

„Verdammte Scheiße", schimpfte eine junge Frau, als wir dieser Tage wieder mal vor den Aufzügen standen. „Echt zum Kotzen", erwiderte ein anderer. Ich aber hatte in eben diesem Moment kollektiven Fluchens eine Eingebung. Wenn man sich jeden Tag fünf Minuten vor dem Aufzug ärgert, dazu fünf Minuten an der Supermarktkasse und mehrfach am Tag über rote Ampeln, wenn man sich hier über den verspäteten Bus und dort über das Funkloch aufregt, über geschmacklose Pullover und leere Akkus – dann bringt man es in einem achtzigjährigen Leben in der Bilanz auf gut und gern eine Million Stunden, die man mit nichts als Ärger verbracht hat.

Gute Aussichten also, als schlimmster Griesgram ins Guinness-Buch der Rekorde zu kommen. Vielleicht sollte man sich lieber den Kopf zurechtrücken lassen? Versuchen, die eigenen Maßstäbe und Werte neu zu justieren? Sich aufs Wesentliche besinnen? „Aber, aber", schreit der innere Nieselprim schon wieder, „Handyempfang IST wesentlich! Latte macchiato IST wesentlich! Ein pünktlicher Zug IST wesentlich!"

Nur fort, hinaus in die Welt! Dorthin, wo der innere Nieselprim betroffen und bang, beschämt und kleinlaut endlich seine Klappe hält.

Hoppenlaufriedhof //

Wir sehen uns wieder!

Darf man das? Darf man den Toten auf den Gebeinen herumtrampeln? Über Schädel und Knochen spazieren wie über einen geplätteten Pfad? Die Füße ausstrecken und in die Sonne blinzeln, den Hund springen und graben lassen, wo vielleicht noch Reste unserer Ahnen verwesen? Man muss seine Fantasie im Zaum halten, wenn man über den Hoppenlaufriedhof läuft. Besser, sich nicht vorzustellen, dass unter den eigenen Füßen Gerippe in morschen Särgen liegen könnten, dass die Bäume und Sträucher ihre Kraft aus den vielen toten Leibern ziehen, die hier im Lauf der Jahrhunderte beerdigt wurden. Bei jedem Schritt durch das kühle Gras und das wuchernde Moos spürt man deutlich das „Stirb und Werde". Anfang und Ende, Leben und Tod. Da wird unmittelbar greifbar, dass die Gegenwart auf der Vergangenheit fußt.

Auf jedem Friedhof wird man mit der eigenen Endlichkeit konfrontiert, aber der Hoppenlaufriedhof ist anders. Man muss keine Sorge haben, eines Tages selbst unter einer der Robinien oder Kastanien zu Grabe getragen zu werden, schon bald in dieser oder jener Ecke eingegraben zu sein. Man könnte sagen: Der Tod lebt nicht mehr auf dem Hoppenlaufriedhof. Seit mehr als fünfzig Jahren gibt

Süße Trauer: Schöner als auf dem Hoppenlaufriedhof lässt sich nicht über die Tragik des Todes sinnieren.

es keine Beerdigungen mehr und ist das Areal hinter dem Max-Kade-Hochhaus Park, Skulpturenpfad und Freilichtmuseum in einem. Eine Oase inmitten der Stadt. Eindeutig: Es ist der schönste und melancholischste Ort, den Stuttgart besitzt.

Süße Traurigkeit befällt einen, wenn man an den maroden Grabsteinen vorbeistreift, den abgebrochenen Kreuzen und Überresten opulenter Denkmäler, auf denen noch ergreifende Inschriften zu lesen sind: „Vereint mit ihrem Großvater ruhen hier Samuel Gothilf, Tabea und Elisabeth" – drei Kinder haben diese armen Eltern verloren, im Alter von einem, fünf und vier Jahren sind sie ihnen einfach weggestorben. „Verzeihe den Thraenen! Sie fließen uns! Nicht dir! Viele hast du getrocknet! Jetzt bist du dort wo keine mehr fließen", steht auf einem steinernen Block, in dessen Ecken hübsche Kindergesichtchen gehauen wurden. Mit vierzig Jahren ist Auguste Emilie Friedericke Pistorius gestorben, und der „Gatte und ihre zehn Kinder" rufen ihr ein letztes Lebewohl hinterher.

Krähen schimpfen unfreundlich in den Baumkronen, dass es einen kühl schaudert. „Fürchte dich nicht", steht auf einem der Steine, als wäre es für einen selbst bestimmt. Aber so ungemütlich es einem ums Herz werden mag im Angesicht des Todes, besitzt der Hoppenlaufriedhof doch morbide Schönheit. Moos ist über die im Boden eingelassenen Grabplatten gewachsen, in der eingravierten Schrift hat sich grüner Flaum ausgebreitet. „Suchet mich, so werdet ihr leben", hat das Moos nun in ordentlichen Buchstaben geschrieben. Im Gras liegt ein aufgeschlagenes Buch aus Stein, Blüten sind auf die Seiten gefallen, Efeu rankt darüber. Schöner hätte das ein Fotograf für die „Landlust" oder eine exquisite Gartenzeitschrift nicht arrangieren können.

Der Hoppenlaufriedhof ist nicht nur weihevolle Totenstätte, sondern auch ein „Literaturmuseum mit steinernen Zeugnissen", wie es in Reiseführern heißt. Es finden sich Grabmale vom Spätbarock bis ins 20. Jahrhundert, immer wieder entdeckt man hübsch modellierte Frauen mit Urne, schwermütigem Blick und schmerzvoll gekrümmtem Leib – sie machen den Tod, der doch immer eine scheußliche Angelegenheit bleibt, ein bisschen schöner und würdevoller.

Aber wer gönnt den Toten heute schon noch einen Marmorengel für ein paar Tausend Euro? Es ist ja schon teuer genug, die Anverwandtschaft unter die Erde zu bekommen. Orgelspieler und Trauerflor wollen bezahlt,

Grab und Stein gekauft sein. Da ist der Kuchen beim Leichenschmaus noch das Geringste.

Natürlich war der Hoppenlaufriedhof kein Gottesacker für jedermann, sondern die Bestattungsstätte der sogenannten reichen Vorstadt von Stuttgart. Ludwig August Prinz von Hohenlohe-Langenburg liegt hier begraben und der Verleger Johann Friedrich Cotta, der Schriftsteller Wilhelm Hauff und der Sagenerzähler Gustav Schwab. Auch deshalb wird die Geschichte in den Büchern so häufig mit den Reichen und Mächtigen in Verbindung gebracht – sie haben marmorne Grabmale hinterlassen, während die Armen mit einem simplen Kreuz verbuddelt wurden.

Das „Andenken des General Feldzeug-Meisters FreyHerrn von Angel" ist in Stein gehauen. Stallmeister und Glockengießer liegen hier, Küferobermeister und Prälaten, ein Rentamtssekretär, ein Wasserbaumeister, eine Scherenschneiderin. Was wird die Nachwelt von unsereinem in Erinnerung behalten? Mechatroniker und Digitalmediengestalter, Fondsmanagerin und Verpackungsmittelmechaniker. Außer man ist ein Tausendsassa wie Michael Jackson, dessen Genialität kaum auf seinen Grabstein passt: Songwriter, Singer, Producer, Dancer, Choreographer, Humanitarian, Soloist, 13 Grammys, 137 Awards und, und, und.

Emilie Zumsteeg und Michael Jackson waren quasi Kollegen. Michaels Vater war Musikproduzent, Emilies Vater war Konzertmeister am württembergischen Hof. Beide wurden schon von früh an musikalisch gefördert. Michael verdiente Milliarden mit seinen Platten und Konzerten, Emilie bekam immerhin ein jährliches Gehalt von König Wilhelm I. Sie war ein Promi und auf Du und Du mit wichtigen Männern wie Franz Liszt oder Carl Maria von

Weber. Sie war eine richtige Powerfrau, die sogar öffentlich dirigieren durfte. „Wäre sie ein Knabe", seufzte ihre Mutter – denn dann hätte die talentierte Emilie sogar Konzertmeister am Hofe werden können. Wäre sie ein Knabe, dann wäre sie heute vielleicht auch immer noch bekannt, und man hätte wie nach ihrem Vater eine Straße benannt – und nicht nur einen Saal im Treffpunkt Rotebühlplatz. „Aus dankbarer Verehrung" schrieb man schlicht auf ihr opulentes Grabmonument, als sie 1857 starb.

Aus dem Max-Kade-Wohnheim für Studenten wummert Musik aus den Fenstern, immer wieder lümmeln Studenten auf den Bänken zwischen den Gräbern, als säßen sie in irgendeinem Grün. Manchmal reichen sie Joints weiter, der Marihuana-Geruch zieht rüber auf den jüdischen Friedhof. Es war der erste jüdische Friedhof in Baden-Württemberg, der in einen Stadtfriedhof integriert wurde. Bis heute sind Christen und Juden von einer Mauer getrennt, und man kann schon ins Grübeln kommen, ob jene, an die separat mit den dicht stehenden Grabsteinen erinnert wird, heute in einem anderen Himmel schweben als der Bäckermeister Weiß, der Weinhändler Sick oder Charlotte Schill geborene Scholl.

„Ruhe sanft, liebe Tochter, wir sehen uns wieder", haben Eltern ihrem Mädchen hinterhergerufen – und ein bisschen kann man schon neidisch werden auf jene, die so vertrauensselig ans Jenseits glauben können und sicher sind, bei Gott all die Lieben wiederzutreffen, dass sie selbst jenen, die lange vor ihnen gestorben sind, ein Hallo von Wolke zu Wolke werden weiterreichen können – rüber zur Uroma, zur Ururoma, zur Urururoma, zur Ururururoma, zu Tanten und Onkeln fünften, sechsten, siebenten Grades. „Schön, dass wir uns endlich mal kennen-lernen."

Es brauchte wohl solch eisernen Glauben in Zeiten, die vielleicht nicht immer schlechter, aber oft rauer als unsere waren. Als der Hoppenlaufriedhof 1626 angelegt wurde, wütete die Pest, die Menschen bekamen Beulen am Leib oder husteten Blut – und starben in wenigen Tagen einfach so weg. Auch im kleinen Stuttgart war der Bedarf an Grä-bern damals groß.

Aber beim Streifzug durch die verfallenen Grabstätten begegnet einem auch immer wieder der Krieg. Freiherr Joseph von Berlichingen, geboren zu Lausanne, gefallen vor Paris 1870 mit 21 Jahren – im deutsch-französischen Krieg. Auf einem Sockel nebenan wurden liebevoll Helme, Kano-nen und Kugeln zu einem Kriegstrümmerfeld aufgehäuft, auf einer winzigen Trommel kann man einzeln die Schnüre nachfahren – alles in den Stein gehauen.

Auch der Krieg macht vor Kriegsgräbern nicht Halt. 1944 wurde der Friedhof durch einen Luftangriff schwer verwüstet. Nach dem Zweiten Weltkrieg wurde hier Trüm-merschutt gelagert. Erst 1952 war Zeit, um den Friedhof zu retten. Die imposanten Gräber des Klassizismus sind so erhalten geblieben – wie die des Bildhauers Johann Heinrich Dannecker und seiner beiden Ehefrauen oder das von Christian Friedrich Daniel Schubart. Der Dichter erlaubte sich grobe Frechheiten und verspottete Franziska von Hohenheim, die Mätresse von Carl Eugen als „Licht-putze, die glimmt und stinkt". Das musste er bitter büßen. Er wurde auf dem Asperg in den Kerker geworfen, durfte zehn Jahre lang keinen Besuch empfangen und in den ers-ten Jahren nicht einmal lesen und schreiben.

1791 starb Schubart – und seither kursiert die Legende, dass man ihn lebendig begraben habe. Heiner Müller, der als Autor in der DDR nur zu genau wusste, wie eine Staatsmacht ihre Schriftsteller malträtieren kann, schrieb das Gerücht über Schubart auf seine Weise fort: „Als man sehr viel später den Friedhof abgeräumt hat, hat man entdeckt, dass der Sarg von innen völlig zerkratzt war, der Sarg von Schubart, das ist schon makaber, nach zwölf Jahren Knast auch noch scheintot zu sein."9

Gedenkstätte „Zeichen der Erinnerung" //

Den Kopf zurechtrücken

Vielleicht war es ein Missgeschick, ein dummer Zufall, nichts als eine Unvorsichtigkeit. Vielleicht war auch die Sonne schuld, brannte mit gnadenloser Hitze aufs Glas, dass es kapitulierte und barst wie eine Autoscheibe, die ein Stein getroffen hat. Nun liegen Scherben am Boden – schön ist ihr grünes Leuchten im Abendlicht. Und doch will man nur weinen, weil es fast gewiss scheint: Die Scheibe des Schaukastens wurde gewaltsam zerstört. Als würde der Schrecken nimmer enden.

2006 wurde die Gedenkstätte am Nordbahnhof eröffnet – mehr als sechzig Jahre, nachdem von eben diesen Gleisen mehr als 2 000 Jüdinnen und Juden deportiert wurden. Wie Vieh wurden sie in Container gepfercht und in Konzentrationslager gebracht. Adolf und Berta Lämle waren dabei, Eva und Elise, Suse und Ludwig, Paula und Inge. Die Oppenheimers und die Ostertags, die Eisenmanns und die Blochs. Fast niemand hat überlebt.

Ob „Der Untergang", „Operation Walküre" oder „Aimée und Jaguar" – die meisten Filme zum Dritten Reich spielen in Berlin. Da kann man leicht dem Irrglauben verfallen, dass in der eigenen Stadt zwar der Krieg wütete, man aber nichts mit dem Holocaust zu tun hatte. Als hätte es

Alfred und Erna, Manfred, Marion und Max – nur ihre Namen sind geblieben und erinnern daran, dass auch Stuttgart eine dunkle Vergangenheit hat.

in Böblingen, Backnang oder Bietigheim keine Nazis gegeben und seien die Juden in Schorndorf, Sindelfingen oder Stuttgart verschont geblieben.

Immerhin: Hitler soll kein großer Freund von Stuttgart gewesen sein. Er kam selten in die Stadt, und wenn, blieb er nur kurz. Er sprach im Saalbau der Brauerei Dinkelacker, deren Bierhumpen bis heute gern gestemmt werden. Er sprach in der Liederhalle, in deren Nachfolgebau wir heute gepflegte Sinfoniekonzerte hören. 1933 besuchte er zum Deutschen Turnfest die neue „Adolf-Hitler-Kampfbahn" auf dem Cannstatter Wasen. Wann immer Hitler kam, stets wurde er bejubelt. 1935 übernachtete er im Hospiz Viktoria in der Friedrichstraße. Massen versammelten sich rund um das Hotel, am nächsten Morgen kamen ganze Schulklassen gepilgert. Sogar auf den Dächern standen die

Menschen und riefen im Chor „Lieber Führer sei so nett, zeig dich doch am Fensterbrett!" und „Wir wollen unsern Führer sehn und nicht umsonst hier draußen stehn" oder „Führer gabst uns Wehr und Rüstung, zeig dich an der Fensterbrüstung".

Einmal, als Hitlers Rede 1933 in der Stadthalle übers Radio übertragen werden sollte, herrschte plötzlich Funkstille – kommunistische Widerständler hatten mit einer Axt das Kabel gekappt. Dennoch muss man sich nichts vormachen, auch Stuttgart war am Schrecken beteiligt. Stuttgart war eine von 16 Städten, von denen aus Deportationszüge starteten – und die Nachbarn rissen sich um die Habe aus den verlassenen Wohnungen der Juden. 1935 beklagte der Stuttgarter NS-Kurier, dass in keinem Stuttgarter Freibad ein Schild angebracht sei, „das den Juden den Besuch der Freibäder verbietet". Die Übergriffe auf Juden liefen in Stuttgart nach Aussage der Nationalsozialisten „mustergültig", und der Städtische Branddirektor besorgte höchstpersönlich das Benzin für das Anzünden der Synagoge.

Wie mag in Stuttgart das Leben für Alfred, Erna und Manfred Berenz gewesen sein, für Marion und Max Berenz? Nur ihre Namen sind geblieben – und schier endlos reihen sie sich auf der siebzig Meter langen Betonwand des Mahnmals. Es ist trotz allem ein schöner, ein stiller Ort, auch wenn er alles andere als friedlich ist. Er wühlt auf, macht betroffen, schweigsam und rückt einem den Kopf wieder zurecht.

Dabei haben Anne-Christin und Ole Saß bei ihrer Gestaltung der Gedenkstätte auf Pathos verzichtet, sondern nur die alten Gleise, die noch existierten, wieder freigelegt und mit Beton wie eingerahmt, umfasst. Andere

Teilnehmer des Wettbewerbs setzten auf mehr Dramatik, eine studentische Gruppe wollte einen Fahrkartenautomaten aufstellen – denn die Deportierten mussten die Fahrt ins KZ auch noch bezahlen. Fünfzig Reichsmark kostete das Ticket in den Tod. Plus fünf Reichsmark für ein Proviantpaket, das sie nie erhielten.

„David ist ein Arsch", hat jemand vor die Schaukästen mit Kreide auf den Boden gekritzelt. Jugendliche, bei denen man nicht sicher ist, ob sie eine gute Zukunft haben werden, schlagen auf den Betonbänken des Mahnmals die Zeit tot. Manchmal sitzen auch Kinder auf den Schienen und spielen mit den Steinen des Gleisbetts. Nebenan feiern die Kleingärtner ihr Sommerfest, und Schlager hallen herüber. Es ist keine allzu gute Gegend. Niemandsland, das auf seine Erneuerung durch S 21 wartet.

Drei Wochen lang haben 13 junge Leute aus aller Welt mit Pickeln, Äxten und Sägen das Gelände von Unkraut, Brombeergestrüpp und Birken befreit und für den Bau der Gedenkstätte vorbereitet. Eva und Pawel aus der Slowakei waren dabei, Yuyi und Sao aus Japan, Roos aus Holland und Viktoria aus der Ukraine. Sie haben in der Turnhalle der Rosensteinschule übernachtet. Manchmal kamen Nachbarn vorbei und haben den jungen Leuten aus dem Workcamp Kuchen und Getränke vorbeigebracht. Engagierte Bürgerinnen und Bürger haben 250 000 Euro gespendet, die Stadt gab die gleiche Summe dazu – und nach sechzig Jahren war Stuttgart endlich bereit, sich der eigenen Vergangenheit zu stellen und einen Ort der Erinnerung zu schaffen für jene, die kein Grab haben, keinen Ort des Gedenkens, für die Juden, die Sinti und Roma. Für Babette Nerdlinger und Lore Löwenstein, für Berta, Falk und Lina Sahm.

„Wir haben fast unsere Namen vergessen", hat Philomena Franz 2008 bei einer Gedenkstunde am Nordbahnhof erzählt. Sie ist 1922 in Biberach geboren und wurde 1943 mit ihrer Familie nach Auschwitz deportiert – als Nummer 10 550. Sie hat Dunkelzelle, Schläge, Tritte, Hunger erlitten, in Auschwitz musste sie die Menschenasche aus dem Krematorium auf Eisenbahnloren schaufeln. Aber immerhin hat sie überlebt und setzt sich seither für Versöhnung ein und berichtet, solange sie noch kann, über ihren Leidensweg.

Die Schaukästen geben eine vage Ahnung, was damals in Stuttgart passierte. Neun Deportationszüge starteten in Stuttgart – und waren als Umsiedlung getarnt, weshalb die Betroffenen Werkzeug und Baugerät mitnehmen sollten. Die Menschen wurden auf dem Killesberg versammelt und über den Pragfriedhof zum Nordbahnhof getrieben – unübersehbar.

1942 wurde die „Umsiedlung sämtlicher in Württemberg ansässigen Juden" verkündet. Jeder durfte einen Koffer mitnehmen mit Bekleidung und Bettzeug, Geschirr und einem kleinen Vorrat. Die meisten waren über 65 Jahre alt und mussten „Eintrittgeld" bezahlen und Pflegegeld für Jahre im voraus – so kam man auch noch an die letzten Rücklagen der alten Herrschaften. 1944 folgten dann noch die „Mischehepartner", die durch Scheidung oder Tod den Gatten verloren hatten.

20 Uhr. Geräuschlos, sodass man es gar nicht bemerkte, hat sich das Gittertor am Eingang zugeschoben. Sind wir jetzt eingeschlossen? Müssen die Nacht verbringen neben diesen grün schimmernden Glasscherben, die wie eine Anklage am Boden liegen vor dem Schaukasten, vor einem

Foto, das die Menschen zeigt, wie sie im Sammellager Killesberg auf ihrer Habe sitzen und warten?

Vielleicht war es doch nur ein dummer Bubenstreich, ein Missgeschick, eine Unvorsichtigkeit. Vielleicht sind wir heute klüger, mitfühlender. Zwei junge Männer, die lange Zeit vor der Betonwand verweilt hatten, vor den zahllosen Namen der Opfer, gehen nun langsam die Gleise entlang. Jene Gleise, auf denen Regine und Johanna, Margarete und Beatrice in Container gepfercht in Richtung Tod gefahren wurden – nach Theresienstadt, Auschwitz, Izbica oder Riga.

Die vierte Seite des Mahnmals ist offen – und zieht den Blick in die Ferne. Nur ein leichter Draht grenzt die Gedenkstätte ab vom staubigen Niemandsland. Beklommen klettern die letzten Besucher darüber, dankbar, dass Freiheit heute so selbstverständlich zu haben ist – und die friedliche Welt uns nach nur einem Schritt wieder hat.

Micha Ullmans „Schüssel" auf dem
Vaihinger Campus //

Innehalten in der ewigen Betriebsamkeit

Solide Erfahrungen im Haushalt können von Vorteil sein. Wer regelmäßig Teller, Schüsseln, Schalen, Töpfe und Tiegel in den Schrank ein- und ausräumen muss, der ist der Kunst schon ein gutes Stück näher. Experten würden Micha Ullmans Landartprojekt auf dem Vaihinger Campus freilich anders beschreiben. Sie würden von doppelten Betonringen und Rechteckprofilen sprechen, von einer Kippung um die Nord-Süd-Achse und davon, dass der östliche Teil mit dem Scheitel um fünfzig Zentimeter über dem inneren Ring zum Liegen kommt. Dabei kann man es sich wahrlich einfacher machen. Die Installation erinnert an zwei Salatschüsseln, die ineinander stehen. Links ragt der äußere Schüsselrand hoch, rechts der innere. Das war es.

Anders als bei Salatschüsseln kann man auf den Schüsselrändern von Micha Ullman aber bequem sitzen und pausieren. Das tun die Studenten auf dem Vaihinger Campus. Sie hocken sich auf die Betonmäuerchen, legen die Füße hoch, zünden eine Kippe an oder lassen eine Cola zischen. Endlich Pause, ein paar Minuten Müßiggang im anstrengenden Studentendasein.

Zugegeben, so richtig schön ist die Wiese zwischen Universität und Fraunhofer-Gesellschaft nicht. Der gesamte Campus ist ein unterkühlter Un-Ort, ihm fehlen Zentrum und Herz. Er wächst und wuchert zwar seit den Fünfzigerjahren mit architektonischer Wucht in alle Richtungen, aber er hat immer noch kein Fundament, keine Tiefe. Selbst wenn hier seit 1965 mehr als 100 000 junge Leute studiert haben, es ist und bleibt eine künstliche Trabantenstadt, ein Hightechkonstrukt, funktional, aber nicht liebenswert.

Ausgerechnet hier, wo es nichts zu schürfen und scharren gibt, ist Micha Ullman mit der Schaufel angerückt. Wie einen Archäologen zieht es ihn immer wieder unter die Erde. Er gräbt und bohrt, sucht in den Tiefen nach verborgenen Schichten der Erinnerung, spürt der Vergangenheit nach. Eine seiner schönsten Arbeiten ist das Mahnmal auf dem Bebelplatz in Berlin. Durch eine im Pflaster versenkte Glasplatte blickt man hinab in ein schneeweißes Zimmer. Nichts als gähnend leere Regale an den Wänden dieses magischen, fast immateriell strahlenden Raumes. Es ist eine ausgelöschte Bibliothek – auf dem Bebelplatz haben nationalsozialistische Studenten 1933 Bücher zahlloser Schriftsteller, Philosophen und Wissenschaftler verbrannt.

Was aber will Ullman ausgerechnet hier oben auf dem Campus ausgraben, unter dessen Füßen keine Historie abgelagert ist, weil alles getan wird, um die Gegenwart zu überholen und abzuhängen und man emsig in die Zukunft strebt? Jeder scheint hier nach vorne zu drängen, weiter, weiter zur nächsten Prüfung, zu Bachelor, Master, Job, Karriere, Rente. Der Campus ist nicht Heimat, sondern Durchgangsstation. Kaum eingezogen in die uniformen Schuhschachteln der Wohnheime mit den immer gleichen Balkontüren und rostroten Vorhängen – schon sind die

Das soll Kunst sein? Micha Ullmans riesige Installation „Schüssel"
will nicht bewundert, sondern selbstverständlich benutzt werden.

Studenten wieder Absolventen und auf dem Abflug in
Richtung Berufs- und eigenes Leben.

Ullman dagegen lädt all die Getriebenen und Vor-
wärtshastenden zum Verweilen ein. Er hat auf der Wiese
eine riesige Mulde von dreißig Metern Durchmesser ausgehoben. Das Loch erinnert an einen Krater – als hätte vor Jahr-
millionen ein Meteorit eingeschlagen. Plötzlich ahnt man,
dass selbst hier, wo Beton, Stahl und Glas so arrogant regieren, einst starke Naturgewalten gewirkt haben könnten.

Oder ist es ein Amphitheater? Eine Beobachtungs-
schüssel? Eine Parabolantenne? Die kleine Platte in der
Mitte erinnert an einen Himmelskörper in einem komple-
xen kosmischen System. Die beiden Mäuerchen sind wie
ein Zifferblatt aus zwölf Segmenten zusammengesetzt.
Ist es also eine astronomische Uhr?

So verführt diese rätselhafte Mulde zum Innenhalten, zur Entschleunigung im ewigen Vorwärtsvorwärts. Und tatsächlich: Studierende liegen in der von Gras bewachsenen Kuhle und blättern gähnend in ihren Leitzordnern. Die Schräge der Schüssel ist ideal für Sonnenanbeter, die Strahlen bescheinen Nase und Bauch optimal und bräunen effizient. Ein Mann umrundet auf Inlinern die Installation, schon fünf, sechs, sieben Mal hat er sie bereits elegant umfahren, als sei es eine meditative Übung. Drei junge Frauen räkeln sich auf karierten Decken und diskutieren über Quadrate und Parameter, Werte und die Erzeugung von Rechtecken.

Micha Ullman ist nicht wie andere Künstler, jene eitlen Gecken, die, hoppla, jetzt komm ich, mit lauten, spektakulären Gesten Aufmerksamkeit heischen wollen und nicht nur die Kunst, sondern besonders gern sich selbst zur Schau tragen. Er hat es weit gebracht, war auf der Weltschau Documenta in Kassel vertreten und bis 2005 Professor für Bildhauerei an der Stuttgarter Kunstakademie – und hat seine zarte Zurückhaltung doch nie aufgegeben. Ullmans künstlerische Interventionen sind mitunter so bescheiden, dass man sie glatt übersieht oder ignorant über sie hinwegstapft wie die tägliche Horde der Shopper und Bummler über seinen „Abendstern" an der Ecke von Bolz- und Stauffenbergstraße. Mitten im Pflaster gähnt eine halbkugelförmige Vertiefung – mit nur vier Zentimetern Durchmesser.

Im Vergleich dazu ist die Installation am Campus fast aufdringlich und eigentlich unübersehbar. Trotzdem halten vermutlich die meisten den Betonring nur für eine gute Gabe des Gartenbauamts, das ja auch die Bäume so artig in

Vierergruppen arrangiert hat, grad so, als habe ein zwanghafter Ingenieur sie auf Millimeterpapier am Reißbrett geplant. Ausgerechnet diese Grasmulde soll Kunst sein? Das muss einem doch gesagt werden!

Aber nein, sehr diskret und bescheiden steht auf einem kleinen Schild: „Schüssel" Micha Ullman. Mehr nicht. Denn Ullman will ja gerade nicht das Vorsicht, Achtung, aufgemerkt, hier kommt Kunst, macht nichts verkehrt! Er stellt seine Werke nicht auf einen Sockel oder hängt sie unübersehbar an die Wand, sondern integriert sie beiläufig in die Außenwelt. Man soll sie nicht bewundern, sondern benutzen und einen Dialog mit ihnen entwickeln.

„Gräbt man ein Loch, erweitert man den Himmel" [10], sagt Micha Ullman. In der bewachsenen Schüssel auf dem Vaihinger Campus kann sich das Firmament zwar nicht spiegeln, aber doch ist es eine Art Schmelztiegel, ein Gefäß, das kosmische Energien und irdische Gedanken gleichermaßen zu bündeln scheint. Ein stiller Ort der Konzentration. Für Ullman, dessen Familie 1933 Deutschland verlassen musste, ist Erde immer auch ein Symbol für Heimat. Wie beiläufig schafft er zwischen Hochtechnologie, Raumfahrtcenter und Bundeshöchstleistungsrechenzentrum ein Stück Heimat, einen Hort der Ruhe und Kontemplation.

Aber, aber, werden kritische Geister fragen, kann eine mit Klee und ruppigem Gras zugewucherte Mulde, die von zwei versetzten Betonmäuerchen eingefasst ist, ein magischer Ort sein? Kann man die schiere Leere mit Reflexionen füllen? Kann eine Pausenbank die Fantasie anregen? „Man muss sich ein wenig Mühe geben", hat Micha Ullman einmal über seine Kunst gesagt. Aber versprochen: Allzu schwer ist es nicht.

Wandertag zum Gestern

Einige haben eigens die dicken Wanderschuhe angezogen. Karierte Hemden, Rucksack auf dem Buckel – und stramm marschiert. Als wolle man einen Zweitausender erklimmen, als sei man unterwegs auf der Expedition „Gipfelstürmer". Mit Hacke, Seil, Karabiner und Klemmkeil. Dabei ist es doch eigentlich nur ein überschaubarer Sonntagsspaziergang, für den man zur Not die Salontreter anlassen kann. Denn der Weg auf den Birkenkopf ist ordentlich asphaltiert. In leichter Steigung windet sich die Fußgängerstraße schneckenförmig nach oben, sodass man gemütlich schlendern kann, ohne aus der Puste zu kommen.

Trotzdem machen Familien gern einen Ausflug auf den Birkenkopf, um mit den Kindern schon einmal Wandern light zu üben, mit reichlich Proviant im Rucksack, mit Sonnenschutz und Regenjacke ausgestattet – man weiß schließlich nie. Ferngläser rausgeholt – bei gutem Wetter hat man Sicht bis zur Schwäbischen Alb und zum Nordschwarzwald.

Immerhin: Der Birkenkopf ist die höchste Erhebung im Stuttgarter Kessel. Zwar nur 511 Meter hoch, aber eben doch ein richtiger Berg. Berge sind etwas Besonderes, ihr Bild wird auf Postkarten und Urlaubsprospekte gedruckt.

Kriegstrümmer: Wer mag in den Häusern gelebt haben, die unterm Bombenhagel zusammenbrachen?

Dabei sind Berge eigentlich nichts als Zufallsprodukte. Vor mehr als 200 Millionen Jahren gab es nur einen einzigen Kontinent: den Ur-Kontinent Pangäa, der in einem gigantischen Ur-Ozean lag. Allerdings zerrten die Strömungen so stark an ihm, dass er eines Tages auseinanderbrach. Seine Bruchstücke drifteten voneinander weg, bewegten sich wieder aufeinander zu – und rums, entstanden Gebirge. Mal höher, mal niedriger.

Der Birkenkopf verdankt seine beträchtliche Höhe allerdings nicht allein der Wucht der Kontinentalplatten, die die Gesteinsmassen so imposant zu Gebirgen aufwölbte. Vor hundert Jahren war der Birkenkopf noch deutlich mickriger. Sein wundersames Wachstum ist das Ergebnis tragischer Umstände: Nach dem Zweiten Weltkrieg wurden die Trümmer der zerstörten Stadt auf den Birkenkopf transportiert. 1,5 Millionen Kubikmeter Schutt und Gestein karrte man aus der Stadt raus und die steilen Straßen hinauf. Vierzig Meter hat der Monte Scherbelino dadurch gewonnen. Vierzig Meter allein durch die Kriegstrümmer. Möge Gras über sie wachsen.

Der Himmel überall glutrot. Wir gingen noch auf die Straße. Überall abgedeckte Dächer, die Straße voller Scherben & Splitter, tote Fenster, Haus für Haus ... Kein Wasser, kein Gas, keine Straßenbahn ... Was ich sah, war schlimmer als gedacht, die ganze Charlottenstr. restlos kaputt ... Die ganze Innenstadt ein Flammenmeer. Wir sahen die riesige Rauchwolke. Die großen Gebäude, Schloss, Friedrichsbau, Union, alles brennt, alles in sich zusammengefallen.
BRIEF EINER STUTTGARTERIN IM JULI 1944

1940 begann die Royal Air Force, deutsche Städte mit Bomben anzugreifen. In Stuttgart wurde fast jedes zweite Haus durch die Luftangriffe zerstört. Dabei hätte es deutlich schlimmer ausfallen können – wenn man die Bomberpiloten der Royal Air Force nicht durch ein gigantisches und käpseleschlaues Projekt ausgetrickst hätte. In Lauffen am Neckar wurde 1941 von Hermann Görings Luftwaffe der Stuttgarter Hauptbahnhof nachgebaut – natürlich unter strengster Geheimhaltung. Eine gigantische Attrappe aus Sperrholz. Eine Art Filmkulisse mit schnell zusammengezimmerten Baracken. Strohmatten markierten die Straßen. Große Becken wurden gemauert, in denen Holz mit Benzin übergossen wurde – und man einen dramatischen Stadtbrand simulieren konnte.

Die Bomberpiloten waren nämlich halbwegs blind. Sie flogen nachts in großer Höhe, sie hatten noch keine zuverlässigen Ortungssysteme, sodass sie sich nur an Lichtern am Boden orientieren konnten. Deshalb mussten die Bewohner verdunkeln. Der zweite Stuttgarter Bahnhof in Lauffen dagegen wurde prächtig illuminiert. Nach oben abgeblendete elektrische Lampen simulierten eine beleuchtete Gleisanlage, künstliche Lichtblitze täuschten fahrende Straßenbahnen vor.

So wurde genau jener Bahnhof von Paul Bonatz, dem inzwischen die Seitenflügel so schonungslos gestutzt wurden, mit gigantischem Aufwand vor den Angriffen aus der Luft geschützt. Mit Erfolg – die englischen Flugzeuge folgten dem Lauf des Neckars und vergeudeten ihre Bomben für die Attrappe aus Holz und Leinwand. 1943 setzten sie dann zum ersten Mal Radar ein – und ließen sich fortan nicht mehr so leicht austricksen und warfen Flugblätter über der Region ab: „Stuttgart im Loch – wir finden dich doch".

Auf dem terrassierten Gipfel des Birkenkopfs liegen die Trümmer wie in einem Felsenmeer, für Kinder herrlich zum Klettern. Abgebrochene Kapitelle kann man entdecken, kunstvoll von Steinmetzen behauene Fassadenstücke, Gesimssteine und Architrave. Hier ein Säulenschaft, dort Tierfragmente, die vielleicht Haustüren schmückten oder auf Dächern thronten. Wessen Häuser mögen es gewesen sein? Sind es Reste von einer Kirche, einer Schule, in der Schreiben und Rechnen gelehrt wurden? Man mag sich nicht vorstellen, wie diese gewaltigen Steinmassen einstürzten und auf die Menschen krachten.

Wir gingen wie bei jedem Alarm in den Keller ... Viele feind-
liche Kampfflugzeuge nähern sich von allen Seiten unserer
Stadt: Keller schließen, Ruhe bewahren ... Wir liegen alle
auf der Erde, Herr Gott, erbarme dich, mach es gnädig und
kurz. Dein Wille geschehe. Nun Krach auf Krach, die Erde
zittert, Schlag auf Schlag ... Marktplatz ist ein Trümmer-
haufen, ganze Straßen sind weg, man findet sich nicht mehr
zurecht ... Noch einmal so einen Angriff überleben wir
nicht, man hat nur einen Wunsch: Nicht verschüttet, son-
dern gleich tot und kein Krüppel.

BRIEF DER BÄCKERSFRAU ANNA WAGNER ÜBER DIE ANGRIFFE
AUF STUTTGART ZWISCHEN DEM 24. UND 29. JULI 1944

Auf alten Fotografien kann man noch sehen, was man sich
kaum vorstellen kann: die Stadt in Schutt und Asche. Am
Friedrichsplatz steht nur noch ein einziges Gebäude, auch
das ist schwer beschädigt. In der Schulstraße: Trümmer-
berge. In der Hospitalstraße: Kriegsschutt. „Der Marktplatz, Leonhardsplatz, Hirschstraße mit allem drumrum
hat sich alles bis zur Unkenntlichkeit verändert", schreibt
eine Zeitzeugin. „Auf dem Schloßplatz stehen Zelte, da
gibt es für 15 Pf. trocken Brot mit 1 Hering dazu und an anderen Zelten Coca-Cola. Ein schlimmeres Bild der Verwüs-
tung kann es selbst in Russland in einer Stadt dort nicht
geben."

266 067 Menschen leben nach Kriegsende noch in
Stuttgart, sie hausen zum Teil in notdürftigen Baracken, in
Bunkern und in der ersten Zeit sogar unter Brücken. Aber
obwohl wegen der starken Zerstörungen eine Zuzugs-
sperre verhängt wird, kehren immer mehr Menschen, die
evakuiert waren, wieder zurück. „Umschlagplatz deutschen Elends im Jahre 1945" wird die Durchgangsstation

Untertürkheim genannt, an der das Rote Kreuz versucht, die Menschen mit Essen zu versorgen. 5 000 Personen sind es täglich. Weil es keine Lastwagen gibt, werden die Trümmer mit der Straßenbahn und mit einer kleinen Feldeisenbahn auf den Birkenkopf transportiert, deren Gleise sich schnell auf- und abbauen lassen. Die letzte Fuhre wird 1957 abgeladen – nach vier Jahren Aufräumarbeiten.

Es war übrigens Arnulf Klett, der als neuer Oberbürgermeister nach dem Krieg entschied, dass die markanten Gebäude der Stadt nicht historisch rekonstruiert werden. Der Mann hatte Visionen und träumte von einer autogerechten Großstadt. Deshalb wurden gleich auch Gebäude abgerissen, die im Krieg gar nicht zerstört worden waren. Klett hat Stuttgart somit um wichtige Denkmale gebracht, die der Stadt heute gut zu Gesicht stehen würden. Es geschieht ihm recht, dass die potthässliche Klett-Passage unter dem Bahnhof nach ihm benannt wurde. Strafe muss sein.

Die Natur fühlt sich auf den Überresten des alten Stuttgarts zumindest pudelwohl. An dem Mäuerchen, das den Wanderweg flankiert, sprießen die Pflanzen mit ungezügelter Kraft um die Wette: Wiesenkerbel und Rotklee, Veilchen, Flockenblume und Hahnenfuß, Wegwarte und Gemeine Knoblauchsrauke. Auch durch die Trümmer am Gipfel haben sich schon dicke Wurzeln durchgearbeitet, als wollten sie die düstere Vergangenheit vergessen machen. Angeblich haben schon in der Steinzeit Jäger und Sammler auf dem Birkenkopf Station gemacht. Zumindest wurden bei Grabungen Objekte gefunden, die das vermuten lassen.

Wie es sich für einen Gipfel gehört, wurde ein Kreuz aufgestellt. Eine Informationsplatte liefert die Entfernungen zu diesem herrlichen Panorama: Katharinenlinde 12 Kilometer, Schattenring 1 km, Strohgäu, Heuchelberg …

Die stramm gewanderte Familie packt endlich ihren Proviant aus. Ein Fahrradfahrer macht mit großen Gesten gymnastische Dehnübungen. Einige Spaziergänger studieren betroffen die Trümmer. Im Sommer hält die Evangelische Gesamtkirchengemeinde auf dem Birkenkopf regelmäßig Gottesdienste ab. „Den Opfern zum Gedächtnis, den Lebenden zur Mahnung" – heißt es nun auf einem Schild.

53 Luftangriffe. 20 000 Sprengbomben. 1 300 000 Brandbomben. 4 477 Tote. 85 Vermisste. 8 908 Verletze. 13 der 15 Neckarbrücken zerstört. Kriegsschaden 11,5 Milliarden Mark. 67 Prozent der Wohngebäude unbewohnbar. 75 Prozent der industriellen Anlagen zerstört.

Bei den Luftangriffen kamen auch viele Briten und Amerikaner ums Leben. Der Neuseeländer Phil Langsford aber überlebte. Der Bordfunker wurde 1943 nachts über dem Kappelberg abgeschossen – und sprang aus dem brennenden Flugzeug, das im trockengelegten Max-Eyth-See explodierte. Ein junger Soldat fand ihn und brachte ihn den Kappelberg runter. Ein Wengerter am Wegrand schimpfte: „Schlaget ehm doch's Kreuz a'". Später hat Langsford den Ort mit seiner Familie noch einmal besucht und erzählt, was ihn bei der unsanften Landung im Weinberg so überraschte: „Es herrschte eine unglaubliche Stille; nicht einmal ein Hund bellte."

„Wir leben", haben die Menschen nach den Luftangriffen häufig an die zerstörten Häuser geschrieben. Maria Kissner, eine vergessene Stuttgarter Dichterin, hat den Luftangriff im Oktober 1943 erlebt – und das Gedicht „Es

klagt die Stadt" darüber geschrieben, das mit den Zeilen
endet:

Da ist nicht einer, den wir schuldlos sprechen –
O tuet Buße, ändert euren Sinn,
Eh alle Bauten bald zusammenbrechen,
Und pilgert zu dem Sinn der Erde hin![11]

Der Terror ist gebannt

Wäre man einer der benachbarten Toten – man könnte neidisch werden. So ein stattlicher Strauß roter Rosen. Teuer muss er gewesen sein. Wenn einer solche sattroten Rosen aufs Grab stellt, dann meint er es ernst, dann wird es eine Herzensangelegenheit sein. „Die Liebe höret nimmer auf" heißt es in der Bibel. Nicht einmal nach fast vierzig Jahren? Vor allem: Kann man tatsächlich mit freiem Herzen jene über den Tod hinaus lieben, die hier begraben liegen? Diese drei jungen Leute, die für sechs Bombenanschläge mitverantwortlich gemacht wurden, die vier Tote und zahlreiche Verletzte auf dem Gewissen haben und die Republik in Angst und Schrecken versetzten?

Eine Frau, die auf dem Friedhof nach dem Rechten schaut, weiß, wer die Rosen gebracht hat: „Die sind vom Raspe seiner Freundin", erzählt sie, „die kommt regelmäßig". Und das seit Jahrzehnten, seit 1977. Am 18. Oktober 1977 wurden auf dem Dornhaldenfriedhof Gudrun Ensslin, Jan-Carl Raspe und Andreas Baader beerdigt. Abteilung 99, letzte Reihe, quasi abgeschoben in den hintersten Winkel dieses weitläufigen Friedhofs. Als wolle man sie verstecken. Als könne man so vergessen machen, dass Terrorismus und Deutscher Herbst so eng mit Stuttgart verknüpft sind.

Die Feindschaft endet nicht immer mit dem Tod. Niemand will seine Angehörigen neben den RAF-Terroristen Baader, Ensslin und Raspe beerdigen.

Zu keiner Zeit stand die Stadt so unerbittlich im Fokus der Weltöffentlichkeit wie während des Prozesses gegen die vier Anführer der Roten-Armee-Fraktion: Gudrun Ensslin und Ulrike Meinhof, Andreas Baader und Jan-Carl Raspe. Alle Welt schaute nach Stammheim. Sogar Jean Paul Sartre stattete Andreas Baader einen Besuch im Knast ab und sagte hinterher, die Haftbedingungen in Stammheim seien miserabel. Dabei war es nur die kahle Besucherzelle gewesen, in der er Baader gesprochen hatte.

Da liegen sie nun also, die am meisten gefürchteten Terroristen der Bundesrepublik. Ihre sterblichen Überreste werden längst Humus sein für die saftige Pflanzenpracht. Nur die im Boden eingelassene Grabplatte erinnert noch an die Namen, die einen Schatten über unsere Kindheit legten und diffuse Ängste schürten vor Bomben in Kaufhaus und

Kinderwagen. Jeder unbekannte BMW in der Straße war Eltern und Nachbarn verdächtig. „Baader-Meinhoff-Bande", raunten sie.

Weit und licht ist der Dornhaldenfriedhof. Die Sonne scheint, ein laues Lüftchen weht, das Gelände ist so weitläufig, dass sich die Stimmen der Spaziergänger verlieren. Idyllisch ist dieser Friedhof nicht. Die Wiesen und Hügel könnten ebenso gut zu einem Freibad gehören. Keine pittoresken Familiengräber früherer Jahrhunderte, keine einladende Kapelle, kein alter Baumbestand, nichts, was versöhnen könnte mit dem gierigen Tod. Der Dornhaldenfriedhof ist 1974 angelegt worden und so nüchtern, funktional und trostlos wie alles, was nicht gewachsen, sondern aus dem Boden gestampft wurde – wie Hochhaussiedlungen, Trabantenstädte, Plattenbauten. Früher war hier eine Schießbahn – und im Zweiten Weltkrieg wurden sogar Menschen erschossen.

Fast möchte man sagen: Das Grab von Gudrun Ensslin, Jan-Carl Raspe und Andreas Baader ist ein Lichtblick auf dem Dornhaldenfriedhof. Es schaut aus wie der Vorgarten einer besseren Villa in Halbhöhenlage. Gepflegt, geschmackvoll, beinahe bürgerlich vornehm. Keine Stiefmütterchen und vertrockneten Gestecke, keine Kitschengel und struppige Besenheide. Stattdessen zartblättriger Roter Ahorn, elegantes Gehölz. Hier lässt es sich wohlig ruhen.

Wenn der Friedhofsaufseher gefragt wird, wo die Terroristen liegen, antwortet er immer „Terroristen haben wir hier nicht, nur Tote". Als wäre es das Selbstverständlichste der Welt, dass der Tod alle Menschen gleich macht. Asche zu Asche, Staub zu Staub. Aber mit dem (von manchen bis heute bestrittenen) Selbstmord von Baader, Ensslin und

Raspe waren die Probleme längst nicht beendet. Wohin mit den Toten? Wo sie begraben? Für den Ministerpräsidenten Hans Filbinger war es selbstverständlich, dass Ensslin als Schwäbin im Ländle beigesetzt werden darf. Mit den Leichen von Baader und Raspe aber wollte er nichts zu tun haben, wollte sie abschieben nach Frankfurt und Berlin, wo die Angehörigen lebten. Sollten die sich mit den sterblichen Überresten der Staatsfeinde rumplagen.

Kreon: *„Polyneikes, der das väterliche Land ... vom Gipfel an mit Feuer wollte stürzen, sich weiden an verwandtem Blut und diese wegführen in Gefangenschaft, von diesem sag ich, ... dass keiner ihn begrabe, keiner traure, dass unbegraben er gelassen sei, zu schaun ein Mahl, zerfleischt von Vögeln und von Hunden."*
„ANTIGONE" VON SOPHOKLES

Der damalige Oberbürgermeister Manfred Rommel widersprach und sagte einen Satz, der Geschichte machte: „Mit dem Tod muss alle Feindschaft enden." Die französische Zeitung „Libération" pries ihn dafür als „den letzten Liberalen Deutschlands". In der fast hysterisch aufgeheizten Republik aber hagelte es Kritik. Der Hass auf beiden Seiten war so gewaltig, dass alle Beteiligten längst Maß und Verstand verloren hatten. „Rauslassen und am ersten Baum aufhängen" oder „Hemachen" hatte Volkes Stimme schon während des Prozesses in Stammheim gefordert. Deshalb war Rommel wohl bewusst, dass er für sein Machtwort „geprügelt" würde. Aber „die Kraftsprüche und den Volkszorn" dürfe man nicht so ernst nehmen. „Die Toten wären wie fliegende Holländer umhergereicht worden."

Der Bote: *„Die ist's. Die hat's getan. Die griffen wir, da sie das Grab gemacht. Die hat den Mann begraben."*
Antigone: *„Ich sage, dass ich's tat, und leugne es nicht."*
„ANTIGONE" VON SOPHOKLES

Links der ehemaligen Terroristen liegt das Grab eines Hans Schubert. Es ist vernachlässigt, verwildert, verkommen, aber immerhin, hier ruht noch einer neben denen, die das „Schweinesystem" zerstören wollten. Viele der Flächen auf dem Dornhaldenfriedhof sind leer, die Gräber sind weit verstreut. Es ist nicht erkennbar, nach welchem System sie belegt werden, warum manche Toten einsam auf weiter Flur bleiben. Warum aber in der Abteilung 99 so viele Gräber offen sind, ist bekannt. Niemand will seine Angehörigen in der Nähe der ehemaligen Terroristen wissen. Es liegen eben doch nicht nur Tote auf dem Friedhof.

Der frühere Leiter des Friedhofsamtes hat einmal erklärt: „Es gab für uns gar keinen Zweifel, dass die drei Toten von Stammheim nach den allgemein geltenden bestattungsrechtlichen Vorschriften zu bestatten waren. Grundsätzlich besteht bei uns für jeden Toten ein Anspruch auf Beisetzung an seinem Wohnort oder am Wohnort seiner nächsten Angehörigen".

Die Bestattung war dennoch alles andere als Routine. Für viele Beteiligten wird sie sogar zur größten Herausforderung ihres Berufslebens, zum Alptraum. Der Vater von Gudrun Ensslin, ein pensionierter Pfarrer, hätte gern gepredigt – der Evangelische Kirchenrat erlaubt es ihm nicht und fordert ihn stattdessen „nachdrücklich" auf, keine „Verdächtigungen und Vermutungen" mehr über den Tod der drei Terroristen zu äußern.

Bruno Streibel, ein junger Pfarrer im Stuttgarter Westen übernimmt die schwere Aufgabe. Wie findet er Worte, die nicht falsch ausgelegt werden können? „Andreas Baader, Jan-Carl Raspe, Gudrun Ensslin sind tot. Wir legen sie in diese Erde", sagt Streibel schließlich, während Hubschrauber über dem Friedhof kreisen. „Für die einen haben die drei Toten zerstört, was vielen Halt gibt. Für die anderen verbindet sich mit ihrem Namen – trotz Zerstörung – die Suche und der Kampf um das, was menschlich ist."

Die Särge sollen erst kurz vor der Bestattung von einem unbekannten Ort herbeigeschafft werden. Zu der Trauerzeremonie sind nur geladene Gäste zugelassen. Draußen aber warten bereits Heerscharen an Journalisten aus aller Welt. RAF-Sympathisanten entrollen Transparente – „Gudrun, Andreas und Jan in Stammheim gefoltert und ermordet".

Der Gang zum Grab wird zum Spießrutenlauf. Der Pfarrer muss gezogen werden, um in dem Gedränge der Menschen überhaupt voranzukommen. Ein Demonstrant passt ihn ab und fragt ihn: „Na, Herr Pastor, haben Sie jetzt Angst?" „Ja", antwortet er. Zuschauer klettern auf Bäume, Kameraleute drängen nach vorne, Sympathisanten rufen „Noch ist nicht genug Blut geflossen!" Ein Reporter schreit einen der Totengräber an: „Mach den Deckel auf! Zeig uns die Leiche!"

„Der Sohn von der Ensslin schaut nie vorbei", sagt die Grabpflegerin und rupft Unkraut. „Auch ihre Schwester kommt nicht, die ist doch grad so gern in den Medien." Bis zu ihrem Tod 1997 pflegte Ensslins Mutter das Grab. Danach hat es die in Köln lebende Schwester übernommen und die Ruhezeit für zwanzig Jahre und 5 520 Mark verlängert. „Nur die Freundin von Jan-Carl Raspe ist regelmäßig da", sagt die Frau. Meistens plaudern die beiden dann ein wenig miteinander. „Für sie ist es wichtig herzukommen, das ist ihr Leben".

Jan-Carl Raspe wurde 1972 verhaftet und kam 1974 in die JVA Stuttgart-Stammheim. Er sei eher zurückhaltend und unauffällig gewesen, hat später einer der Richter erzählt. Ganz anders als Gudrun Ensslin, die rhetorische Schärfe, aber etwas Gewinnendes besessen habe.

Für den Baader-Meinhof-Prozess wurde in Stammheim eigens ein Gerichtsgebäude neben der JVA gebaut mit acht Meter hohen Betonwänden und einem Netz auf dem Dach – als Schutz vor eventuellen Bombenangriffen. Im Verhandlungssaal war Platz für über 200 Zuschauer. Das Interesse war gewaltig an diesen theaterreifen Inszenierungen, die so gar nichts mit einer gewöhnlichen Verhandlung zu tun hatten. Das Protokoll des Prozesses umfasste 26000 Seiten. Es wurde viel gepöbelt, beleidigt und politisch agitiert, der Richter als „imperialistisches Staatsschwein" oder „Idiot" beschimpft.

Die Angeklagten und ihre Anwälte führten die Justiz vor, erstritten sich Haftbedingungen, von denen ein Ladendieb nur träumen kann: gemeinsame Aufenthaltsbereiche für Männer und Frauen, großzügige Besuchsregelungen, Fernseher, Plattenspieler, Bücher. Die Pistolen, mit denen sich Baader und Ensslin später erschossen, wurden in den Leitzordern ihrer Anwälte in die Zellen geschmuggelt – in Einzelteile zerlegt und in ausgehöhlten Papierstapeln versteckt.

Der damalige Chef des siebten Stocks berichtete später, er habe für die Gefangenen Obst im Feinkostladen bestellen müssen. Frühstückskellner, spottete die Presse, Folterknecht, sagten die Anwälte der RAF. Wenn er ihre Zellen untersuchen wollte, wurde er mehrfach mit stinkendem Öl aus Sardinenbüchsen übergossen, die die Häftlinge geschickt platziert hatten. Auch das zeigt, wie blind sich diese jungen Leute einem Freund-Feind-Bild verschrieben hatten und selbstgerecht an jedem, der ihnen in den Weg kam, ihren überschäumenden Hass auf den Staat abließen. Warum aber dieser blinde Hass?

Statt frischem Obst bekommen die drei Toten heute Blumen. Am Todestag werden Jahr für Jahr rote Nelken neben dem Granitstein abgelegt. Der Ministerpräsident Filbinger hatte seinerzeit Sorge, dass das Gemeinschafts-grab zu einem Wallfahrtsort werden könnte, zu einer Kult- und Pilgerstätte des Terrorismus. Im Nachhinein zeigte sich die Sorge als unbegründet, auch wenn vor ein paar Jahren an die Aussegnungshalle „Stammheim war Mord" und „Freiheit für Christian Klar" gesprayt wurde. Der Ter-ror der RAF ist Vergangenheit, auch wenn viele Ungereimt-heiten bleiben – aufseiten der Terroristen, aber auch auf-seiten des Staates.

Aber hier am Grab von Baader, Ensslin und Raspe ist doch Ruhe eingekehrt. Ein Hocker auf dem Kies lädt zum Verweilen ein. Ob Gott auch Verirrten wie ihnen verzeiht? Oder ist es vielleicht ihr Fegefeuer, zu dritt und damit auf ewig vereint in der gemeinsamen Schuld zu verharren – wie bei Sartres Drama „Geschlossene Gesellschaft", in dem drei Sünder in der Hölle schmoren. Sie werden nicht gefol-tert, nicht gegeißelt, geviertelt oder gebraten. Sie sind ihre eigenen Folterknechte und bis in alle Ewigkeit auf Gedeih und Verderb einander ausgeliefert in aller Grausamkeit. Denn die Hölle, heißt es bei Sartre, „das sind die anderen".[12]

Unterhösle mit Knoten

Der Glaube, das ist bekannt, versetzt Berge. Man muss es nur wollen. Man muss seinen Willen stärken, den Geist trainieren, das Selbst beherrschen. Vielleicht war Veit einfach nur ein Meister der Autosuggestion. Man schlug ihn und steckte ihn in den Kerker. Er wurde den Löwen zum Fraß vorgeworfen und auf die Folterbank gespannt. Veit aber erduldete die Qualen stoisch.

Menschen wie Veit machen Eindruck. Er wurde als Heiliger verehrt und sein abgeschlagenes Haupt herumgereicht. Ihm wurden Kirchen gewidmet – wie die Veitskapelle in Mühlhausen. Dort sieht man ihn nun auf einem Wandgemälde in einem köchelnden Ölkessel sitzen. Seine Märtyrer heizen ihm kräftig ein und schüren das Feuer. Aber was tut Veit? Er faltet die Hände und lächelt milde und entspannt, als säße er zum Wellnessen im Tranquillity-Kräuterbad, umhüllt von Düften aus Tibetischer Goji-Beere und Vanille.

Man sollte sich schämen, solche Fantasien zu entwickeln, hier an diesem Ort der Besinnung, der Innenschau und Anbetung. Wohlfühlprogramme und jede Form des Sich-Gehenlassens sind fehl am Platz. Sinnliche Freuden gehören nicht in die christliche Welt. Schließlich ist des

Dem armen Veit wird kräftig eingeheizt. Der Heilige aber lächelt nur milde, als mache er Wellness im Kräuterbad.

Christen Glück nicht auf Erden, sondern im Himmel, im Licht, im heiligen Jerusalem.

Es ist kalt. Es ist sogar bitterkalt in der Veitskapelle in Mühlhausen. Es fröstelt einen sofort, man fühlt sich klamm und beklommen und würde sich nicht wundern, wenn diese lausige Kälte von ganz oben angeordnet worden, eine pädagogische Anweisung wäre, um die Menschen Demut zu lehren. Aber nein, es ist der Denkmalschutz, der nicht mehr als zwölf Grad in der Veitskapelle erlaubt – wegen der hölzernen Altäre. Damit sich die Besucher beim Gottesdienst keinen Schnupfen holen, wurden unter den Kirchenbänken Heizungen angebracht. „Im Winter kriegen Sie einen warmen Hintern", sagt die Pfarrerin Charlotte Sander.

Irgendwie passt diese sehr schwäbische Frau hierher. Sie ist bodenständig und direkt, und nichts scheint ihr ferner zu liegen als theologische Winkelzüge und weltfremde Rhetorik. Eine Frau, die die Dinge schlicht und pragmatisch auf den Punkt bringt. In der Veitskapelle, sagt Sander in grottenbreitem Schwäbisch, waren „Subbermaler unterwegs". Ihre Werke – „wie Mickey Mouse-Heftle". Im 19. Jahrhundert hingen Wappen in den Fenstern – „des sah a bissle aus wie in der Kneipe". Sander erklärt auch, dass bei der Darstellung der Kirchenväter einer fehlt und durch Bernhard von Clairvaux ersetzt wurde. Das sei extrem ungewöhnlich, „das ist wie Tick, Trick und Emil."

Darf man so salopp über sakrale Kunst sprechen? Wer als Katholik groß geworden ist, dem wurde das Lebensgefühl eingetrichtert, falsch zu sein. Der Mensch, ein Sünder, ein Mängelwesen, das vieler Korrekturen bedürfte. Aber wer weiß, ob man sich trotz allen Strebens und Mühens am Ende womöglich doch beim Teufel wiederfindet, geröstet wird, aufgespießt, splitternackt in einem Feuersee schmoren muss, in einem feurigen Pfuhl, der mit Schwefel brennt. Nicht einmal, sondern jeden Tag erneut, wie es Jesus angekündigt hat: „Weg von mir, ihr Verfluchten, in das ewige Feuer, das für den Teufel und seine Engel bestimmt ist!"

Auch in der Veitskapelle ist das Jüngste Gericht das große, zentrale Thema. Auf den Wandgemälden im Chor dreht sich fast alles um die bohrende Schuldfrage. Sie war dem Maler sogar so wichtig, dass er auch die angrenzenden Wände mit einbezog. Engel schleppen Leidenswerkzeuge heran. Michael steht mit der Seelenwaage bereit – und bald wird sich zeigen, ob man als kluge oder törichte Jungfrau sein Leben verbracht hat. Wehe, wenn man nicht zu den Erwählten gehört, die schnell noch als reuige Sünder unter den geöffneten Mantel der Schutzmantelmadonna kriechen dürfen, denn dann schaut es bitter für einen aus. Dann wird einem Petrus nicht etwa mit seinem Schlüssel die Himmelspforte aufschließen, sondern wird man vom Höllenrachen verschluckt und mit den spitzen Zähnen dieses riesigen Mauls zerbohrt und zermalmt werden.

Wie soll man da keine Angst vor dem Sterben bekommen?

Aber Frau Pfarrerin hat Recht: Auch wenn die Zeichnungen aus dem 15. Jahrhundert stammen, sind sie wie Mickey-Mouse-Heftchen, fröhlich, lebensnah und manchmal fast drollig. Die Bildergeschichten sind weit entfernt davon, steife sakrale Ermahnung zu sein. Die „Subbermaler", die hier am Werk waren, wussten, dass die meisten Kirchenbesucher nicht lesen konnten, deshalb erzählten sie die Geschichten aus dem Alten und dem Neuen Testament oder die Veitslegende in Bildern, die sie plastisch und einfallsreich ausschmückten. So boten sie den Menschen, die hier viele Stunden ihres Lebens frierend verbrachten, beste Unterhaltung.

Überall entdeckt man liebevolle Details und Anekdoten am Rande – etwa die Unterhose des Veit. Ein nettes, knappes Hösle trägt der Bursche, er hat es an den Seiten kess geknotet. Der Vater, ein sizilianisches Heißblut, wollte dem Jungen seinen neuen Glauben austreiben und versohlte dem Knaben kräftig den Boppes, und hell blitzt auf dem Gemälde der weiße Hintern, bevor gleich die Rute wieder auf ihn dreschend herniedergehen wird.

Armer Veit, ihm wurde übel zugesetzt. Wo er auch hinkam – man wollte ihm an den Kragen. Sein Glaube aber war stärker. Der Vater wollte ihn umbringen, weshalb Veit mit seiner Amme Crescentia und deren Mann Modestus floh. Richter befahlen, ihn zu schlagen, aber den Knechten verdorrten die Arme. Man steckte Veit ins Gefängnis, aber die schweren Eisenplatten, die ihn erdrücken sollten, fielen ab. Der Löwe, der auf ihn gehetzt wurde, legte sich zahm zu seinen Füßen. Veit wurde auf eine Folterbank gespannt und sollte mit Haken zerfleischt werden, aber der Blitz schlug ein und ließ das Martergerät bersten.

Um 304 starben Veit, Crescentia und Modestus schließlich doch – aber ihr Tod ist voller Frieden und zuversichtlicher Ruhe. Entspannt liegen sie auf einem der Bilder unterm Baum wie bei einem Nickerchen in der Mittagssonne. Beschützt vom Engel, der über ihnen schwebt, hat Veit den Kopf gemütlich auf seinen Arm gebettet, während Crescentia einen Stein als Kopfkissen benutzt. Wohlig schnurrend scheinen sie nur zu dösen. In ewiger Ruhe. Amen.

So kann man in der Veitskapelle viel über diesen Märtyrer Veit erfahren – sofern man nicht kurzsichtig ist. Man muss schon sehr genau schauen und am besten mit der Taschenlampe die Wände ableuchten. Dabei wurde die Kirche erst frisch renoviert und restauriert. In den 1970er-Jahren waren die Experten noch überzeugt, dass man Malereien auf Kirchenwänden am besten mit Brotkrumen reinigt. Leider war das der ideale Nährboden für Pilze. Deshalb hatten die Restauratoren in den vergangenen Jahren viel Arbeit. Sie haben mit Schwämmchen Zentimeter für Zentimeter abgetupft. Sie haben zwar auch einige Stellen mit Aquarellfarbe nachgemalt, damit man die Zusammenhänge der Motive erkennt – aber mit Farbe nachbessern? Das ist heute tabu. Das verbietet der derzeitige konservatorische Zeitgeist.

„Manche Leute sind enttäuscht, dass die Bilder nicht nachgemalt wurden", sagt die Pfarrerin Sander – denn natürlich würde man sich die einstige Farbenpracht der grünen Kittel und braunen Mützchen, der roten Gewänder und glänzenden Heiligenscheine wünschen. Aber immerhin – die mittelalterlichen Malereien sind erhalten, was an ein kleines Wunder grenzt. Viele Kirchen wurden während der Reformation ausgeräumt, Hochaltäre wurden herausgerissen, der Chor zugemauert und zur Sakristei umgewandelt. An der Veitskapelle aber ist die bilderfeindliche Strenge der Reformation weitgehend ohne Spuren vorbeigegangen, auch die großen Kriege hat sie unbeschadet überstanden. Es wurde zwar eine spätgotische Madonna an die katholische Kirchengemeinde Ludwigsburg geschenkt – „Man hat sich gesagt: des katholisch' Mädle brauchen wir nicht mehr", erzählt Sander. 1902 wurde außerdem ein Altar nach Stuttgart verkauft. Das meiste dieses kostbaren Werkes der Gotik ist aber in aller Schönheit erhalten geblieben.

So kann man manche Entdeckung erst auf den zweiten Blick machen – wie bei der „Heimsuchung". Maria trifft Elisabeth. Zwei schwangere Frauen sagen sich freundschaftlich Hallo, man erkundigt sich über den Zustand der anderen, klagt vielleicht über Morgenübelkeit oder Wasser in den Beinen. Der Maler aber hat sich ein Detail ausgedacht, das allerliebst ist: Durch die Kleider der Frauen hindurch sieht man ihre Kinder in den Bäuchen – hier das Christuskind, dort ein winziges Büble kniend, es wird Johannes sein, der spätere Täufer, der schon im Mutterleib das Beten übt.

So viele Geschichten finden sich auf den Wänden von Kirchenschiff und Chor. Man könnte sie stundenlang betrachten, würde einem die eisige Nase nicht allmählich zu tropfen beginnen. Altes und Neues Testament, Adam und Eva, die Hochzeit von Kanaan und die Wiedererweckung des Lazarus – das gesamte Christentum als Bildergeschichte. Man kann schon durcheinanderkommen: Nothelfer, Heilige und Kirchenväter, Apostel und Propheten, Jünger und Evangelisten, dazu die Glaubenswelt des Mittelalters mit Rittern und Minnesängern, Hexen und Teufeln. Der Glaube mag Berge versetzen, aber um die Kirche zu begreifen, kommt man mit ihm allein nicht weit.

Das hätte Reinhard von Mühlhausen wohl nicht vermutet, dass die Menschen noch Jahrhunderte später in „seine" Kirche pilgern. Er war gläubig, aber natürlich auch eitel. Reinhard war Bänker, Finanzhai und Immobilienbesitzer, er gehörte dem lokalen Ortsadel an und machte gemeinsam mit seinem Bruder Eberhard richtig fett Kohle mit Finanzgeschäften in Prag. In Prag besaß Reinhard allein 15 Häuser und konnte sich mit den Mieteinnahmen denn auch die führenden Handwerker der Zeit leisten, die ihm die Kapelle in der Heimat bauten.

„Vor sant Urbans Dag wart dis capell angehebt von dem erb(ar)n man renhart von mühlhusen burger zuo prag" steht in gotischen Minuskeln über dem Eingang. Der ehrbare Mann Reinhard verfügte, dass in der Veitskapelle jeden Tag für seinen verstorbenen Bruder Eberhard eine Seelenmesse gehalten wird und nach seinem Tod bitte auch für ihn selbst. Ob es den reichen Männern geholfen hat? Ob sie letztlich unter Marias Mantel schlupfen durften? Oder rösten Eberhard und Reinhard bis heute in einem brennenden Meer? Vermutlich haben sie ihre Schuld durch diese besonders schöne Kapelle längst abgegolten. Jeder Gläubige, der hierher zum Beten kommt, aber auch jeder entzückte Besucher wird ihnen einen Pluspunkt auf dem Sündenregister bescheren, denn wie es Jesus sagte: „Was ihr für einen meiner geringsten Brüder getan habt, das habt ihr mir getan."

Dampfdusche - Vorsicht, heiß!
Nach Gebrauch bitte abstellen.

 ALLTAGSFREUDEN

Überforderung
Pin, Puk
und Super-Pin

Forscher behaupten, Multitasking sei die große Lüge des 21. Jahrhunderts. Der Mensch sei nicht in der Lage, mehrere Dinge gleichzeitig zu tun. Das ist Humbug. Viele Leute können telefonieren und dabei staubsaugen. Sie können reden und essen. Sie können reden, essen und sogar noch auf dem Smartphone herumdrücken.

Ich selbst kann kaum anders, als mehrere Dinge gleichzeitig zu tun. Ich bin von Natur aus enorm effizient. Ich rühre mit der Rechten die Soße auf dem Herd und wische mit der Linken den Boden. Ich wasche die Haare und poliere dabei die Armaturen. Ich kann auch beim Autofahren Radio hören, telefonieren und Lippenstift auftragen. Ich habe es sogar schon geschafft, beim Autofahren Radio zu hören, zu singen, einen Joghurt zu löffeln und einen Unfall zu bauen.

Letztlich ist es völlig irrelevant, wie viele Dinge man gleichzeitig tut. Entscheidend ist vielmehr, wie viel Zeit man durch Effizienz gewinnt. Schaut man am Herd nicht dumpf den Kartoffeln beim Garen zu, sondern bringt währenddessen den Müll runter, holt vielleicht noch schnell Getränke aus dem Keller, schüttelt die Fußmatte aus und plaudert ein paar Sätze mit der Nachbarin – dann hat man so viel Zeit gewonnen, dass man ruhig eine Stunde opfern kann, um den verkohlten Topf zu schrubben. Falls man danach nicht noch einmal frische Kartoffeln aufsetzen will, bestellt man einfach etwas beim Pizzaservice, das geht ohnehin am schnellsten.

Soziologen reden ja gern von der Erschöpfung des von sich selbst überforderten Selbsts. Ich fürchte, sie meinen damit mich. Nicht das Autofahren ist das Problem, sondern der Fahrer. Nicht der Java-Script-Error, sondern der User. Und auch nicht die Netto-Allphasen-Umsatzsteuer mit Vorsteuerabzug, sondern der Dackel, der nicht mal rafft, wie man über Elster-Plus eine Authentifizierung mit asymmetrischen, kryptografischen Verfahren vornehmen kann.

Das überforderte Selbst kann man übrigens auch daran erkennen, dass es nicht zwischen Pin, Puk, Passwort und Super-Pin unterscheiden kann. Dass es sofort nervös wird, nur weil der Mann von der Computerhotline die Zugangskennung wissen will und den Start-Code der Fritzbox.

Aber es muss eben auch solche Menschen geben, die IBAN, SWIFT-BIC und ID-Code kompliziert finden und „Ident" für eine Zahnpasta halten. Und nach ein paar simplen Updates und Patches völlig erschöpft nach einer Auszeit gieren, einem kleinen Glück um die Ecke, einer bescheidenen Freude im Hier und Jetzt.

Abtauchen ins flirrende Grau

Rudolf Steiner hätte es geschaudert. All die Ecken und Kanten, die penetranten rechten Winkel und präzisen Parallelen. Nichts, aber auch gar nichts wurde in der Stadtbibliothek dem Zufall überlassen. Auch nichts, was weich dahin fließt, sich zärtlich wellt oder einen eleganten Bogen schlägt. In dem quadratisch angelegten Kubus regieren Geradlinigkeit und höchste formale Strenge. Alles ist abgezirkelt und durchgezählt – überall Quadrate, Symmetrien und achsial ausgerichtete Elemente. In den äußeren Würfel wurden zentral kleinere Würfel hineingestellt. Ob man außen an den Fassaden die jeweils neun mal neun Glasbausteinfenster durchzählt oder die Bodenfliesen im Inneren, alles ist miteinander verknüpft. In jedem Detail spiegelt sich das übergeordnete System. Konsequenter lässt sich ein Gebäude nicht auf Logik hinbürsten. Selbst bei den eleganten Möbeln herrscht die Diktatur des rechten Winkels.

In der Stadtbibliothek kann man also bestens die zwanghafte Seite in sich ausleben. Menschen, die beim Treppensteigen die Stufen zählen oder die Wäsche nach Farbe sortiert auf die Leine hängen, wird es in dieser perfekten Ordnung nicht so bald langweilig werden. Mit dem Aufzug geht die Fahrt hinauf in den achten Stock zum Gale-

Luxus pur: Im Lesesaal der Stadtbibliothek kann man zwischen 70 000 Titeln wählen. Am Abend gehören sie einem allein.

riesaal, einer auf der Spitze stehenden Pyramide, deren Etagen sich in großen Stufen nach oben zum gläsernen Dach hin öffnen.

Die Weite ist überwältigend, die Größe dieses Galeriesaals beeindruckend. Aber wenn man es sich auf einem der Sofas gemütlich macht und den Blick gleiten lässt, dann schnurrt diese imposante Architektur zusammen auf ein artiges Zusammenspiel von Horizontalen und Vertikalen. Wie ein neugieriges Kind, das Klötzchen einsortiert, will man plötzlich die Systematik dieses Gebäudes erschließen, schreitet mit dem Blick die diagonalen Treppen auf und ab, zählt Regalböden, setzt die Streben des Geländers in Relation zu den waagerechten Bücherreihen. Feuerlöscher werden zu grafischen Elementen in diesem virtuosen

Liniengeflecht. Buchrücken scheinen plötzlich nicht mehr als Strukturen in diesem gerasterten Ordnungssystem zu sein.

Ordnung ist nicht das ganze, aber das halbe Leben. Eine bessere Symbolsprache hätte der Architekt kaum finden können. Denn wenn es einen Ort auf dieser Welt gibt, an dem eine präzise Ordnung und eine verlässliche Systematik notwendig sind, dann in einer Bibliothek. Wie würde man sonst „Crash-Teddys" finden? Titel wie „Sommersprossen" und „Sommerfantasie"? Oder „Das Buch-Buch"?

Unterschiedlichste Systeme kommen in der Stadtbibliothek zum Einsatz, Zahlen wie Buchstaben. Martin Walser steht sachlich unter 6.OG.A03-A05 7 Wal. Es gibt Schlagworte und vielsagende Kategorien wie „Frauen" und „Männer". Da weiß man sofort, was man halten kann von Titeln wie „Glatte runde Dinger" oder „Halbnackte Bauarbeiter". Daheim mag es angehen, dass Bücher erst beim Umzug wieder auftauchen, eine Bücherei aber muss Ordnung kultivieren. Und das begreift man in seiner ganzen Tragweite, wenn man in dieser offenen, gleichförmigen Büchergalerie steht.

Es wurde viel über die neue Stadtbibliothek geschimpft. Als Bücherknast und Mausoleum wurde der Entwurf des koreanischen Architekten Eun Young Yi bezeichnet. Das Foyer ist tatsächlich unwirtlich, im Winter zieht es scheußlich. Bei den Aufzügen kommt es zu Engpässen, ärgerlich ist auch, dass die Toiletten ins Untergeschoss verlegt wurden. Vor allem über das sogenannte „Herz" des Hauses wurde oft gespottet: einen riesigen, komplett leeren Raum mit einem lachhaft winzigen Brunnen in der Mitte. Diese moderne Agora soll der Ruhe und der Meditation dienen, aber meistens läuft man doch nur quer hindurch, um schnell vom Eingang rüber zu den PC-Stationen zu kommen oder von den Aufzügen zur Selbstausleihe. Gebautes Nichts.

In der Galerie dagegen, in der die Literatur unterge-bracht wurde, ist der Geist zu Hause. Die Kopf stehende Pyramide hat der Architekt abgeschaut von der französi-schen Nationalbibliothek von Étienne-Louis Boullée aus dem 18. Jahrhundert. Aber seine Variante entwickelt einen ganz eigenen Charme. Sämtliche Einbauten sind in zartes Grau getaucht, wodurch sie leicht und schwerelos wirken, wie unwirklich und entmaterialisiert. Es ist, als tauche man in Nebel ein – und allein die bunten Buchrücken geben Ori-entierung in diesem flirrenden Grau in Grau.

In der Galerie scheint die Zeit stillzustehen. Vergan-genheit und Gegenwart ruhen friedlich beieinander in den Regalreihen und warten geduldig, dass sie ein Leser her-ausziehen und wiedererwecken möge. Am Abend ist der Galeriesaal am schönsten, weil nur noch wenige Besuche-rinnen und Besucher die Treppen hinauf- und hinunter-schleichen, leise an den Regalen vorbeiziehen und wenn, dann nur verhalten flüstern. Die Schritte verlangsamen sich hier ganz selbstverständlich wie im Ritardando – und schon ist sie abgefallen, die Hektik des Alltags, das ewige Hetzen und Hasten.

Zu anderen Zeiten herrscht in der Stadtbibliothek anstrengende Betriebsamkeit. Fast alle lesen sich irgend-welchen Diplomen und Prüfungen entgegen und schlep-pen kiloweise Pflichtstoff aus dem Betonwürfel heraus. Am Abend aber regiert der Müßiggang – und erst dann begreift man diesen ungeheuren Luxus. Allein in der Galerie stehen fast 70 000 Titel bereit, Bücher, CDs und DVDs, ja, sie scheinen plötzlich einem selbst zu gehören. Werke von Li Peng, Li Rui, Leslie Li und Yiyun Li warten nur auf mich, Shakespeare und Schiller, „Kiffer-Barbie" und „Der Stau".

Wie viel Prozent dieser Bücher mag man schon gelesen haben? 0,1 oder eher 0,001? Von welchen Autoren hat man schon gehört? Wer kennt Gerd Kassühlke und Dasa Drndic, Calixthe Beyala und Annette Kast-Riedlinger? Worum mag es gehen in Roedby Puttgardens „Helle Helle" oder in „Wie eine nackte Nadel"? Die gesamte Literatur liegt einem hier zu Füßen – für 18 Euro im Jahr.

Zugegeben, die Bestände sind lückenhaft. Der Bibliothek fehlt das Geld für manche wichtige Neuanschaffung. Trotzdem ist diese Stadtbibliothek ein fantastisches Geschenk an die Bevölkerung. Jeder kann sich Laptops und CD-Player leihen oder auf einem elektrischen Klavier herumklimpern, niemanden stört es, wenn man auf dem Sofa sitzt, in die Leere glotzt oder forsch ins Regal greift und in Elfriede Jelineks Jugendbuch „Michael" liest: „guten tag meine lieben" schreibt sie da ohne Punkt und Komma, „ihr müsst schon besser schauen wenn ihr die stiege herunterfallt oder überfahren werdet oder eure stellung verliert (...) und noch ein tip fürs wochenende: wenn euch beim fernsehn mal friert dann holt rasch die warme jacke! bevor es einen schnupfen gibt".[13]

Apropos Schnupfen. Es gibt Menschen, die Bibliotheken meiden. Sie würden nie ein Buch aus der Bücherei in die Hand nehmen – wegen der Bakterien. Als seien die anderen Bibliotheksbesucher wandelnde Bakterienschleudern, die in die Seiten hineinniesen und ihre Grippeviren auf den Umschlag draufhusten. Das muss man sich mal vorstellen: Da zieht man „Weiße mit Schuss" aus dem Regal oder „Dieses Buch wird ihr Leben retten" aus der Kategorie Männer – und wird davon todkrank.

Wissenschaftler behaupten übrigens, dass sich auf einem Spüllappen in der heimischen Küche mehr als hundert Millionen Bakterien befinden – pro Quadratzentimeter.

Sollen die Igitt-Schreier doch zu Hause bei ihren Spüllappen bleiben. Je weniger am Abend in die Stadtbibliothek kommen, desto ungestörter bleibt man letztlich in dieser großen, weiten Welt der Literatur, die einen bescheiden und demütig macht. Unmissverständlich zeigt sie die eigene Begrenztheit auf. Aber irgendwie macht es auch ruhig und glücklich, wenn man behutsam an den Regalen entlangstreift und sich vorstellt, wie es wäre, ganz in Ruhe all das lesen zu können, was man mag – und nicht mehr hinauszumüssen, zurück in die leidige Hektik des Alltags.

Süßes Glück

Hans-Jochen Holthausen ist ein reicher Mann. Man könnte ihn den Brötchenkönig nennen. Mister Ciabatta. Den Herrscher über Sonnenbatzen und Körner-Eck. Holthausen füllt die deutschen Mägen mit Vital-Fit und Sammys Super Sandwich. Er ist der Chef von Harry-Brot, einer der erfolgreichsten Großbäckereien der Republik. Harry-Brot liefert das, was den meisten Menschen heute wichtig ist: Brot zum Schleuderpreis.

Die Masse macht's. In Harrys Backfabriken laufen 5 000 Toastbrote pro Stunde vom Band – garantiert identisch in Größe, Farbe, Geschmack. Tag für Tag werden bei Harry mehrere Millionen Backwaren produziert. Umsatz: 800 Millionen Euro pro Jahr, Tendenz steigend. Besonders floriert die super praktische Prebake-Ware. Sie muss in den Backshops nur noch in den Just-in-time-Aufbackofen geschoben werden – fertig.

Auch in der Stuttgarter Innenstadt muss man inzwischen sehr genau hinschauen, ob die Rustico-Brote oder Kaiserbrötchen in den Bäckereien nachts von einem Bäcker geformt oder doch vollautomatisch mit Maschinen produziert wurden, die Fachkräfte für Lebensmitteltechnik bedienen. Der Unterschied lässt sich mit bloßem Auge

Soll es die legendäre Birnen–Sahne sein? Trüffeltorte? Oder doch eher der köstliche Aprikosenrahm? Am liebsten von jedem ein Stück.

kaum mehr erkennen, weil sich die Lebensmittelchemiker alle Mühe geben, dass ein am Fließband produziertes Brot ausschaut wie von Hand gemacht – dass das Vital-Fit aus der Fabrik aussieht wie ein vollwertiges Bio-Körnerbrot vom KönigX.

In der Konditorei KönigX wird alles noch in Handarbeit erstellt. Jede Brezel, jedes Brötchen. Vor ein paar Jahren konnte man den Bäcker oft noch mittags treffen, wenn er die Körbe mit Biosaat-Brot und die Bleche mit duftenden Schokocroissants durch den Wintergarten des Cafés nach vorne in den Laden trug. Denn ursprünglich war das KönigX in der Esslinger Straße zu Hause und ein großes Kaffeehaus mit herrlicher Kuchentheke. In Scharen drängte die Kundschaft hinein, hungrig und grantig vom Shopping oder einfach nur verrückt nach der Eierlikörtorte oder der berühmten Birnen-Sahne, dem üppigen Königinnen-Frühstück oder dem frischen Obstsalat.

Weil die Stuttgarter Mieten nicht mehr bezahlbar sind, ist das KönigX vor ein paar Jahren eine Straße weitergezogen. Kleiner, feiner ist es geworden, ohne den Trubel von einst, ohne die Kinderwagenkolonnen und gestressten Bedienungen. Das Tempo ist gedrosselt, es gibt nur eine Handvoll Tische, und man bedient sich selbst – deshalb stehen viele Kunden erst einmal verträumt an der Theke und wissen gar nicht, welche Köstlichkeiten sie auswählen sollen. Haferplatte oder Petit four? Aprikosenrahm oder Frankfurter Kranz? Schmandkuchen oder Obsttartelette?

Ob Spinatkuchen oder Butterbrezel, alles ist bio. Das muss man erwähnen, weil das Sortiment so gar nicht dem Bio-Klischee entspricht. Hier gibt es keine freudlosen Vollwertstückchen, die einem aus dem Mund bröseln, keine prügelharten Brötchen und staubtrockenen Nussecken. Sondern lange vor dem großen Biotrend machte das KönigX den Stuttgartern bereits als erste Bäckerei vor, dass bio lustbetont sein darf, zum Aufjaulen und Stöhnen, zur hemmungslosen Hingabe. Bio als unverschämt schöne Sünde.

Da ist der Schmandkuchen. Weich, cremig, rahmig ist er. Er schmeichelt der Zunge, liebkost den Gaumen, während sein zartes Baisermützchen süß kitzelt. Die Birnensahne ist fruchtig und luftig zugleich, der Apfelrahm geschmeidig. Die Obsttörtchen sind wie ein frisches Hui, die Trüffeltörtchen verwegen wie eine üppige Schönheit aus Tausendundeiner Nacht.

Man könnte stundenlang an einem der kleinen Tischchen sitzen und sich durchs Sortiment futtern. Wie es sich für ein Kaffeehaus alten Schlags gehört, gibt es Zeitungen und Zeitschriften, in die die Stammgäste mitunter stundenlang versinken. Manche sitzen den halben Tag an einem einzigen Espresso und lesen, lesen, lesen.

Es ist ein Wunder, dass es einen Laden wie das KönigX überhaupt noch gibt. Die großen Stuttgarter Traditionscafés haben längst dicht gemacht, denn der mobile Großstädter rennt lieber durchs Leben, To-go links, Smartphone rechts. Der Trend geht zum Stehcafé, in dem man auf unbequemen Barhockern balanciert und mit Plastikstäbchen die Kaffeesahne im lauwarmen Tee verrührt.

Im KönigX wird der Tee selbstverständlich offen aufgebrüht. Ein Geheimtipp ist der Kräutertee, eine bunte Mischung aus Blüten und Blättern, die im Wasser die schönsten Farben entfalten. Die Milch ist frisch, und es werden natürlich keine Plastikportionsdöschen serviert. Die Sahne kommt auch nicht aus einem Sahne-Automaten, sondern aus einem schlichten Siphon. Ist der leer, dann ist er leer, und es dauert eine Weile. Kleinen Moment, bitte.

Manche Kunden stört das. Sie werden ärgerlich, wenn das Tortenstück auf dem Teller umfällt oder der Rand beim Schneiden bricht. Das darf doch nicht passieren, schimpfen sie, das ist doch ungeheuerlich, schließlich zahlt man dafür. Da muss sich der Bäcker eben anstrengen, damit seine von Hand geschlungenen Brezeln ausschauen, als kämen sie vom Band. Als wären sie von Harry.

Wohlig schäumt die Milch im heißen Dampf. Dieses weiche Rauschen und Gurgeln ist eines der schönsten Geräusche. Die Tassen klappern, eine ältere Dame bestellt einen Zwetschgen-Rahm zum Mitnehmen, in der Ecke sitzen handfeste Ökos mit dicken Schnürstiefeln. Hier einer im Anzug, der seinen Espresso im Stehen nimmt, dort ein S-21-Gegner, der „einmal wie immer" will. Das Publikum ist so bunt und kurios wie das Interieur, eine geschmackvolle Mischung aus kleinen italienischen Tässchen und riesigen Blumenvasen vom Trödel. Kaffeehausmotive wurden auf Karton gemalt und ungerahmt an die Wand gehängt. Nofretetes stolzes Haupt ist als Mosaik im Boden eingelassen und zart eingeprägt in die hellen Fliesen auf der Taschenablage der Theke.

Man könnte das KönigX mit seinen zahllosen originellen Details unter Denkmalschutz stellen. Weil es eine Rarität ist. Weil es besonders, auch ein wenig sonderlich ist. Das passt, denn schon in früheren Jahrhunderten galten die Bewohner der „Esslinger Vorstadt" als eigenwillig und originell. „Veschperlesmoischter" und „Knackwurschtprivatiers" wurden sie genannt.

Deshalb gehört das KönigX einfach ins Bohnenviertel und würde sich unwohl fühlen in den Gründerzeitvierteln im Westen oder Süden und erst recht in der City mit ihren Coffee Lounges und Espresso Bars. Im KönigX bekommt man schließlich weder Toffee Nut Latte noch Iced Caramel Macchiato oder Chai Tea Latte. Statt Donuts, Bagels, Brownies und Cookies gibt es Kuchen, die auch noch so heißen. Wie soll es mit dem Fortschritt und der Zukunft etwas werden, wenn die Menschen weiterhin schlicht Erdbeerkuchen, Aprikose-Nuss-Kuchen und Milchkaffee wollen?

Jedes Böhnchen gibt ein Tönchen. Es ist nicht überliefert, wie es im Bohnenviertel einst roch. Das Viertel ist im 15. Jahrhundert angelegt worden – weil es in der Innenstadt immer enger wurde. Deshalb sollten sich außerhalb der Stadtmauer Handwerk und Gewerbe ansiedeln. Den

Namen bekam das Viertel von den Kletterbohnen, die die Bewohner anpflanzten und die wie Girlanden an den Häusern hingen. Als 1823 dem Hause Württemberg ein Kronprinz geboren wurde, stand im Bohnenviertel: „Erbse, Bohne, Linse: Hurra, mer hent en Prinze!"

„Ein Stadtquartier mit Charme und Geschichte" behauptet heute Stuttgart Marketing und wirbt mit den „Antiquitätenläden, Künstlerateliers, gemütlichen Cafés und urigen Weinstuben". Es gab Zeiten, da wollte die Stadt das Viertel platt machen, aber dann hat man doch bemerkt, dass das beschauliche und eigenwillige Quartier etwas Besonderes ist in dieser Stadt, in dieser Zeit. So, wie der Schmandkuchen mit seinem Baiserhäubchen. Die Trüffeltorte, die Birnen-Sahne, die Haferplatten. Und bitte noch zwei Brezeln und ein Stück Zopfkuchen und von den Zimtsternen und dem Aprikosenrahm und dem gedeckten Apfelkuchen. Natürlich mit Sahne. Selbst wenn es einen Moment dauern sollte.

Der Alltag hat keinen Zutritt

Er hätte die Hauptrolle in einer Schmierenkomödie verdient. Das muss man erst einmal fertig bringen, so ungelenk auf dem Pferd zu sitzen wie der Ebbe, der gute alte Eberhard aus Urach. Steif reckt er das Schwert und schaut aus, als würde er nicht etwa die Nation oder zumindest Württemberg retten, sondern als sei er mit dem Staubwedel auf Spinnwebenjagd. Ordentlich rausgeputzt hat er sich mit spitzen Stiefelchen, reichlich Blech und allerhand Plunder auf dem Kopf. Eitle Männer können so albern sein.

Armer Ebbe! Er kann ja nichts dafür, dass der Bildhauer Ludwig Hofer ihn so unvorteilhaft dargestellt hat und er der Nachwelt nun als steifer Ritter auf einem Reiterstandbild erhalten geblieben ist, das im Innenhof des Alten Schlosses steht. Kleine Buben mag er noch beeindrucken. Von ihrem Taschengeld kaufen sie sich für drei Euro im Museumsshop Ebbes Kunststoffkopie in Hosentaschenformat – und lassen Herzog Eberhard daheim übers Kopfkissen galoppieren.

Aber Graf Eberhard V. von Württemberg im Bart, wie der werte Herr offiziell hieß, muss sich dennoch nicht im Grabe herumdrehen, denn die wenigsten Passanten schauen allzu genau auf das Reiterstandbild. Die meisten

Eitle Männer können so albern sein: Graf Eberhard V. hat sich
schick gemacht und reckt steif sein Schwert.

eilen zielstrebig übers Kopfsteinpflaster hinweg, weil sie
ins Landesmuseum oder in die Schlosskirche wollen. Selbst
die Touristen, die mit ihren Stadtplänen von „Palace
Square" und „New Palace" zum „Old Castle" pilgern, stehen zwar einige Minuten andächtig im Innenhof des Alten
Schlosses, blicken einmal hin, einmal her, ringsherum und
dann noch quer – aber bevor es ins Detail geht, müssen sie
auch schon weiter zum „Schillersquare".

Eigentlich schade. Denn der Innenhof des Alten
Schlosses ist ein ganz besonderer Ort. Dabei erfüllt er keine
der Erwartungen, die Städter an einen urbanen Platz stellen.
Nebenan auf dem Schillerplatz ergänzen sich historische
Substanz und moderner Alltagstrubel aufs Idealste. Hier
lebt die Stadt, hier stehen mal Blumen- und Gemüsestände

oder wummern zur Aidshocketse die Bässe so laut, dass der Sandstein fast bröselt. Im Sommer sitzt man herrlich auf der Terrasse der Alten Kanzlei, und abends wurde hier auch schon mörderisch geballert – bei Dreharbeiten zur „SOKO Stuttgart".

Im Hof des Alten Schlosses: nichts davon. Wie selbstverständlich sprechen die Passanten im Innenhof plötzlich leiser, als sei es ein Ort der Andacht. Es ist eine Art Zwischenzone, in der der städtische Trubel verebbt und der Museumsbereich noch nicht begonnen hat. Das Alte Schloss ist wie eine Theaterkulisse, für die Nachwelt konserviert.

Wenig der Substanz ist noch original. Schuld daran ist ein großes Feuer im Jahr 1931. Kurz vor Weihnachten kam es in einer Zwischendecke zu einem Brand – und schon nach wenigen Stunden stürzte der Dachstuhl ein. Eine Mauerfront brach zusammen und erschlug drei Feuerleute. Volle acht Tage brannte es lichterloh und höllisch heiß, während es draußen bitterkalt war. Im Hof wurden sogar Koksöfen aufgestellt und Pelzmäntel ausgegeben, damit die Feuerwehrleute nicht erfroren. Alle Löschversuche halfen nichts. Vom Alten Schloss blieb nur eine kohlrabenschwarze Ruine mit dicken Eiszapfen. Was für ein Spektakel: Die Stuttgarter drängten ins Universum-Kino und in den Ufa-Palast, um in süßem Schaudern Filme vom brennenden Schloss anzuschauen. Straßenhändler verdienten sich eine goldene Nase mit flugs gedruckten Postkarten und Broschüren zum Schlossbrand.

Wenn man jetzt auf einer der schlichten Holzbänke sitzt, während die Tauben schon wieder unter den Arkaden am Nachwuchs arbeiten, ahnt man nichts mehr von dieser

Katastrophe. Sauber, friedlich und malerisch schön liegt der Hof da, wie erstarrt in seiner schlichten Anmut. Selbst wenn man versucht, sich zu versenken, und der Fantasie freien Lauf lässt, kann man sich kaum vorstellen, dass hier einst Damen mit wallenden Kleidern an den Brüstungen standen und den Großen und Mächtigen des Landes winkten, die zu Pferde und in Kutschen in den Hof einzogen.

Mitte des 16. Jahrhunderts kam ein besonders eitler Gockel daher, Herzog Christoph, und ließ die alte Wasserburg aus dem 10. Jahrhundert in eine repräsentative Residenzanlage umbauen, in ein schickes Renaissanceschloss mit Arkadenhof für Feste und Empfänge. Man konnte sogar auf dem Pferd die Treppe direkt hinauf zur Party in den Rittersaal im ersten Stock reiten. Dem Herzog konnte es nicht edel genug sein: Gold- und Silberstoffe an den Wänden, Lederwandbehänge und Tapisserien.

Ein „herrlichs Fürstlichs Schloß", dichtet 1577 der Tübinger Professor Nikodemus Frischlin, „ein überschönes hohes Gebeu da Gott selbs gern solt wonen". Der Innenhof „gebauet auffs köstlichst mit schönen Seulen außgehauen mit doppeln Schwibbogen", jubelte der Professor. Herzog Christoph nutzte jede Gelegenheit, der besseren Gesellschaft sein schmuckes Domizil vorzuführen, mal wurde Hochzeit gefeiert, mal logierten hier Gäste, die zum großen Preisschießen nach Stuttgart gereist waren. Der Trubel auf den Galerien und im Hof wird enorm gewesen sein.

Intrigen und heimliche Stelldicheins gab es hier, Kriegsgeheul und Lustschreie. Das Alte Schloss aber steht da und schweigt. Nach mehr als tausend Jahren ist es endlich zur Ruhe gekommen, muss nichts mehr beweisen und ist nicht mehr Spielball von Macht und Politik, von Herzögen und Architekten.

„Altväterisch, schlecht, winckelicht und irregulair", wurde Ende des 18. Jahrhunderts geschimpft. Trotz diverser Modernisierungen war Herzog Eberhard Ludwig der alte Kasten zu plump, ohnehin fehlte ihm eine pompöse Treppenanlage für sein barockes Hofzeremoniell. Deshalb baute er sich in Ludwigsburg ein neues Schloss, um sich mit seiner Mätresse Wilhelmine von Grävenitz angemessen vergnügen zu können. Die arme Herzogin, seine Ex, versauerte dagegen im Alten Schloss, das „das Ansehen eines Gefängnisses hat, welches in der That nicht das angenehmste ist", meinte der Schriftsteller Karl Ludwig von Pöllnitz.

Immer wieder wurde an dem Schloss herumlaboriert. Im 19. Jahrhundert wurde es zum Nebengebäude des Neuen Residenzschlosses degradiert, später waren hier das Polizeipräsidium und das staatliche Rentenamt untergebracht. Nach dem großen Brand wurde der Wiederaufbau dem umstrittenen Architekten Paul Schmitthenner übertragen, denn es durften sich nur in Württemberg geborene oder ansässige Architekten beteiligen. Schmitthenner nahm allerhand Veränderungen vor und ergänzte zum Karlsplatz hin drei Giebel – „Heuaufzüge für die Staatsochsen" schimpfte der Volksmund.

Der Wiederaufbau war noch nicht fertig, als 1943 und 1944 Bomben auf das Alte Schloss flogen. Nach dem Krieg hat ebenfalls Schmitthenner den Wiederaufbau betreut. Eine „Folgekatastrophe" hat das ein späterer Museumsdirektor einmal genannt.

Müde wirkt das Alte Schloss, aber selig, dass diese endlosen An- und Umbauten endlich vorbei sind, dass niemand mehr Kamine oder Türme ergänzt, taxiert, korrigiert, modifiziert. Das Landesmuseum Württemberg arbeitet zwar seit Jahren an einer Generalüberholung seiner Ausstellungsräume, aber das sind kosmetische Korrekturen, nicht mehr wie neue Plomben und Kronen im Gebiss. Das Alte Schloss hat seinen Frieden gefunden – und die Stadt hat ihren Frieden mit dem einstigen Wasserschloss am Nesenbach gemacht. Wenn im Sommer die Theaterleute einziehen, um im Innenhof Shakespeare zu spielen, dürfen sie nicht einmal einen Nagel in die Wand schlagen. Alles denkmalgeschützt und für die Ewigkeit fixiert.

Das Alte Schloss ist selbst zum Ausstellungsstück geworden. Auch der Innenhof ist eher Museum als historisches Zeugnis. Wie der Alte Komtur aus Mozarts „Don Giovanni" thront der mit Grünspan überzogene Eberhard im Bart. Er gründete 1477 die Universität Tübingen, vertrieb die Juden aus Württemberg und ließ sich den Bart nicht mehr schneiden, weil er das auf einer Pilgerreise geschworen hatte. Auch er hat eine Weile im Alten Schloss gelebt.

Wenn man ehrlich ist, muss man schon sagen: Nikodemus Frischlin hat in seinem Lobgesang maßlos übertrieben. Denn die Arkaden waren ursprünglich zwar immerhin farbig, aber die Gestaltung des Innenhofs ist alles andere als exquisit. Die Fenster im ersten Stock eckig, in der zweiten Etage rund, aber eine raffinierte Säulenordnung, die die Ebenen hierarchisch staffelt, gibt es nicht. Der Herzog war zwar ein Angeber, mit der Mode der Zeit aber war er nicht vertraut.

Dafür kann man im Innenhof die Würde des Alters atmen, die Ruhe des Sandsteins. Zart und rührend klingt das Glöckchen der Turmuhr. Zur vollen Stunde gehen zwei güldene Böcke auf dem Zifferblatt aufeinander los und rammen sich mit den Hörnern. Stunde für Stunde, Tag für Tag.

„One of the simplest castles around. Not much to be excited about" – kommentiert ein Tourist abfällig im Internet. Das Alte Schloss muss sich nicht darum scheren, muss nichts beweisen, ist nicht mehr Gegenstand politischer oder kultureller Debatten. Endlich darf es so sein, wie es nach seiner mehr als tausendjährigen, wechselvollen Geschichte ist. Vor allem ist der Innenhof einer der raren Orte der Stadt, die nicht vom Alltag okkupiert werden – und es ausnahmsweise keine Neonwerbung und Blumenrabatten gibt, weder Eisbahn noch Autoschau, Würstchenbude oder Wochenmarkt.

Tritschler //

Eierteiler und Eierstückler

Was tun, wenn man einen Perlator braucht, einen Julienne-schneider oder auch nur einen schlichten Flaschenöffner? Dann geht der ordentliche Stuttgarter zu Tritschler. Tritschler ist das schönste Geschäft der Stadt, vielleicht sogar das schönste Geschäft der Welt. Und zwar die Abteilung in der dritten Etage links: Haushaltswaren.

Tritschler ist für Hausfrauen und -männer, für Hobby-köche und -bäcker das, was für den Heimwerker der Bau-markt ist. Ein Paradies. Ein Eldorado. Hier gibt es alles, was je für den Haushalt erfunden wurde: Gemüsehobel und Mozzarella-Schneider, Hamburgerpresse und Zitronen-schaber, Kartoffelstampfer, Küchenbrettchen und Backfor-men, Salzstreuer und Marmeladentrichter. Wer je in der Küche stand und sich ein passendes Hilfsmittel wünschte – hier bekommt man es. Eierschneider, Eierteiler, Eierköpfer, Eierstückler, Eierstecher.

Auch drüben bei Breuninger gibt es Haushaltswaren, schicke, hochpreisige Luxusartikel, die verführerisch prä-sentiert und kunstvoll illuminiert werden, edler Tand und modischer Plunder, der zum Kauf verführen soll. Die Espresso-Maschinen, Bar-Sets oder Pfeffermühlen wollen nicht schnöde nützlich sein, sondern versprechen ein

Becherbesen, Tellerbesen, Quirlbesen oder Spiralbesen? Im Tritschler ist die Auswahl paradiesisch groß.

ästhetisch hochwertigeres Leben. Ernährung nicht als Notwendigkeit, sondern als Vorwand zur statusgerechten Selbstdarstellung.

In der Haushaltswarenabteilung von Tritschler ist nichts inszeniert oder verkaufsfördernd arrangiert. In Wirklichkeit ist die Abteilung sogar recht heruntergekommen. Der Teppichboden ist oll – völlig unmotiviert geht er über in durchgetretenes Linoleum, das an den Rändern ausgefranzt und angemackt ist. Die orangefarbenen Elemente an der Decke sind vermutlich noch original aus den Siebzigerjahren

Aber das macht gar nichts. Diese Abteilung muss sich nicht rausputzen, muss nichts inszenieren, weil die Kundschaft zu schätzen weiß, was hier so praktisch und pragmatisch in den Regalen steht: Kuchentransportformen und Topflappen, Butterdosen und Backofenthermometer. Es gibt eine überwältigende Vielfalt an Gerätschaften, Werkzeugen, Hilfsmitteln und Hausrat. Braucht man das wirklich alles? Becherbesen, Tellerbesen, Quirlbesen, Spiralbesen, Schneebesen, Schlagbesen? Dosen in allen Größen? An einer Wand hängen Hunderte verschiedener Ausstecherformen – nicht nur Weihnachtsmotive, sondern auch Klavier und Violinschlüssel, Schere und Bügeleisen.

Trotz aller Überfülle weht bei Tritschler ein Geist von bodenständiger Zweckmäßigkeit. Schließlich gibt es auch Lumpen, Lappen und Bürsten, Pfannenkratzer und Wäscheklammern. Es gibt Dichtungen und Verschlussclipse, Klebehaken und Wellhölzer. Solide und reell. Wenn man bei Tritschler eine Frischhaltedose kauft, dann kann man sicher sein, dass diese Dose im Gegensatz zu den vielen schönen, schicken, gestylten Konkurrenzprodukten andernorts ihre Aufgabe sehr ernst nimmt. Der Deckel sitzt. Und zwar satt und dicht. Das macht den Unterschied.

Hobbybäcker kitzelt es in den Fingern, wenn sie vor den Pralinengabeln stehen, den Minigugelhupfformen und konischen Schaumrollen, den Tortenbodenschneidern und zahllosen Backpinseln. Man sieht sich schon mit diesen Hilfsmitteln virtuos hantieren und aufschlagen, schaumig rühren, unterheben, unterziehen, bestäuben, dressieren, parieren, montieren.

„Was taugt das?", will eine ältere Dame wissen. „Haben Sie so einen Apfeldings?" Ständig gibt es etwas zu fragen, ob dies spülmaschinenfest und jenes auch für die Mikrowelle geeignet ist, ob man den Dichtungsring nachkaufen, die Lasche auswechseln, den Nippel reinigen oder den

Deckel ersetzen kann. Kann man. In den meisten Läden müssen Verkäufer nur noch wenige Sätze beherrschen: Nein, haben wir nicht, gibt es nicht und kriegen wir auch nicht mehr rein. Bei Trischtler können die kompetenten Damen eigentlich immer helfen – und wenn es nur ein neuer Dosenring für ein Drahtbügelglas zu schlappen 45 Cent sein soll.

Aber es wäre schade, wenn man mit seinem neuen Klebehaken oder der Brotdose sofort zur Kasse eilen würde. Es gibt kaum Schöneres, als an den Regalen vorbeizuflanieren. Die Fantasie blüht auf, man beginnt zu träumen von Schokoladenkuchen, der warm aus der Backform herausduftet. Von selbstgemachtem Quittengelee und kochendheißem Holundersaft. Vom Festtagsbraten, der stundenlang im Ofen gart. Von eingemachten Zwetschgen und geraspeltem Sellerie. Man riecht, wie es aus der Kaffeedose duftet und die Kräuter unter dem Wiegemesser ihr Aroma entfalten, man spürt es förmlich auf der Zunge, wie das schaumig geschlagene Dessert im Munde zergeht und der Käse auf dem überbackenen Gratin schmilzt.

Erinnerungen an die Kindheit werden wach, an alte Gärten, in denen Renekloden und Birnen prall an den Bäumen hingen, an Zeiten, in denen noch eingeweckt, eingekocht, eingelegt und Fisch nicht ins Rechteck gepresst wurde oder Gurken einer DIN-Norm folgen mussten. Erinnerungen an eine gesunde, köstliche Küche ohne Chichi und Chemie. An jene Zeit, als Essen nicht aus Wasser und Pulver angerührt wurde.

Wahrscheinlich hat es diese guten alten Zeiten so nie gegeben, so wenig, wie man selbst je zum Festtag einen Braten für die Großfamilie schmoren wird mit selbstgemachten Klößen und von Hand geschälten Kastanien. Aber dieser schöne Traum zwischen den Regalen steht doch für eine Haltung, eine Denkrichtung, die dem Zeitgeist entgegenläuft: Hier geht es beim Shopping ausnahmsweise nicht darum, mit luxuriösen Produkten Glanz ins Leben zu bringen, das Sein durch teuren Tinnef und Oberflächenglanz aufzuwerten, alles neu, alles besser. Es geht vielmehr darum, das Schöne dieser Welt zu schätzen, zu schützen, zu erhalten und zu pflegen. Deshalb gibt es auch Holzgleiter und Möbelpolitur, Hosenbügel, Kleiderbürsten und Einmachgläser mit Ersatzgummi. Mutters Bestes statt Molekularküche, TK und Convenience-Food.

Bewohner anderer Städte beneiden die Stuttgarter oft um ihren Tritschler. Es existieren nicht viele Läden dieser Art – in den Kaufhäusern sucht man meist vergeblich nach Backbohnen oder Tomatenstrunkentfernern. Stuttgart hat Glück, dass es diesen Traditionsladen besitzt, noch besitzt, denn auch der Tritschler musste sich schon verkleinern und hat mit Café und Buchhandlung experimentiert.

Immerhin, fast 300 Jahre hat Tritschler schon durchgehalten, obwohl ihn am Anfang niemand haben wollte. 1723 kamen unter dem Namen Glasträger aus dem Schwarzwald nach Stuttgart. Aber weil die Glasmeister der Stadt Konkurrenz witterten, durften sie nur auf Jahr- und Wochenmärkten verkaufen. Erst nach siebzig Jahren eröffneten sie ihr erstes Verkaufslager, 1822 kaufte Anton Tritschler ein Haus am Marktplatz 19. An den heutigen Standort zog man Mitte des 19. Jahrhunderts.

Sogar der Schah von Persien soll schon bei Tritschler eingekauft haben. Sein Außenminister erwarb das Porzellan für den Palast. Kosten: 200 000 Mark. Andere Läden würden angeben mit solcher Prominenz, Tritschler braucht das gar nicht. Die Kunden sind auch so zufrieden, vor allem natürlich die weiblichen. Mit glücklichen Gesichtern und großen Augen stehen sie vor den Regalen. Schnöder Konsum? Aber nein, ausgerechnet hier, zwischen Dekohobel und Maiskolbenhalter kann man das finden, wonach sich Menschen manchmal ein Leben lang sehnen: Selbstvergessenheit.

Und falls ja doch nicht, findet man zumindest Kartoffelstampfer, Sandwichpalette oder Stößel. Oder ein schlichtes Salatbesteck. „Darf das in die Spülmaschine?", fragt schon wieder jemand. Und weil es hier so reell und solide zugeht, ist es Ehrensache, dass die Verkäuferinnen ihrer Kundschaft nichts vormachen: „Das aus Kunststoff wird mit der Zeit halt porös und wüst."

Gerberplätzle //

Provinz im Großstadtgetriebe

Die Vögel zwitschern so unverschämt, dass man glauben könnte, ihr Gesang käme vom Band. Hier blüht ein Mandelbäumchen, dort rankt Weinlaub üppig die Fassaden hinauf. Kieswege schlängeln sich idyllisch durchs Grün. Aber ist's tatsächlich möglich? Solch kleine Idylle – nur einen Steinwurf von der Hauptstätter Straße entfernt, der schlimmsten Stadtautobahn, die Stuttgart zu bieten hat? Täglich fahren hier eine halbe Million Autos, sofern sie überhaupt fahren können und nicht im täglichen Stau zwischen Charlottenplatz und Heslacher Tunnel festsitzen. Lärmpegel: hoch. Benzolwerte: zu hoch.

Ein alter Herr bringt seinen Müll runter. Er hat die Hausschuhe angelassen, als sei das Plätzchen sein verlängertes Wohnzimmer, als würde er nicht im Großstadtgetriebe wohnen, sondern irgendwo draußen im Grünen. Aber tatsächlich ist das sogenannte Gerberplätzle einer der überraschendsten Orte der Stadt. Er liegt zentral mitten im Gerberviertel. Er ist eingekeilt von den großen Verkehrsachsen und der innerstädtischen Betriebsamkeit – und trotzdem beschaulich, beinahe betulich. Liebevoll haben die Bewohner ihre – freilich winzigen – Vorgärtchen gestaltet und begrünt, auf dem Kinderspielplatz ist wenig los.

Mittendrin ein Hexenhäuschen, herrlich bewachsen und charmant, unten eine Schmuckwerkstatt, oben eine Terrasse wie in der Toskana. Hier herrscht eine Ruhe, wie man sie in der Stadt kaum noch findet.

Das Gerberviertel ist ein eigenartiges Quartier. Aber es hat Charme mit den kleinen Häuschen und dem Kopfsteinpflaster in den schmalen Gassen. Viele Existenzgründer zieht es hierher, sodass ein kunterbunter Mix entstanden ist aus Handwerksbetrieben und jungem Design, kleinen Bars und Boutiquen, Friseuren, Espressobars und kleinen Schmuckläden.

Der Italiener am Gerberplätzle hat einen schmalen Biergarten hinterm Haus, alles ist hier klein, überschaubar und irgendwie putzig. Im Café Graf Eberhard um die Ecke regiert der Kitsch, die Terrasse ist überladen mit Gipsengeln und bewachsenen Füllhörnern, Lauben und Korbstühlen. Das ist nicht stylish, das ist nicht trendig, sondern wie überall in diesem Viertel hat man den Eindruck, dass die Anwohner versuchen, es sich nett zu machen – auch wenn die Stadt dieses Viertel lange stiefmütterlich behandelt hat, auch wenn das Gerberviertel abgehängt war, vergessen, vernachlässigt, sich selbst überlassen.

Im Gerberviertel, heißt es gern, spüre man noch das alte Stuttgart. Aber es ist nicht das herzogliche und feudale Stuttgart, sondern das der einfachen Leute und Handwerker. Im Zweiten Weltkrieg wurde viel zerstört, trotzdem sind einige historische Gebäude erhalten geblieben: die Pfandleihanstalt aus dem Jahr 1872, die ehemalige Gesellenherberge von 1869, Gerberstraße, Wohnhäuser und ein Gerberhaus aus dem Jahr 1864. In der Marienpassage finden sich sogar noch Reste der alten Stadtmauer.

Eigentlich sollte der Nesenbach über das Gerberplätzle fließen. Für das Wasser in der eigens gebauten Rinne hat das Geld aber nicht mehr gereicht.

Trotzdem müsste man schon eine überschäumende Fantasie besitzen, um sich vorzustellen, wie Stuttgart einmal ausgesehen hat. Es war ein Naturparadies. Zwischen Marien- und Tübinger Straße gab es einen Buckel, auf dem die Kinder im Winter Schlitten fuhren. An der Ecke Tübinger- und Paulinenstraße lag sogar ein richtiger See. Die Paulinenstraße war eine sehr vornehme Wohngegend – mit Villen und Gartenhäusern, mit viel Grün und weitläufigen Weinbergen.

Und vor allem floss durch Stuttgart ein Fluss. Der Nesenbach war einst ein richtig stattlicher Fluss, so reißend, dass man sogar darin ersaufen konnte. 1508 ertranken nach starken Regenfällen elf Menschen in dem gefährlichen Strom, 1951 gab es zwei Tote, weil der Nesenbach bei einem Hochwasser aus seinem Flussbett sprudelte.

Stuagert g'hört zom Nesabach, So ists ond so wirds sei',
Wia Heidelberg zum Necker g'hört Ond Offe'bach
    zom Mai' [14]

FRIEDRICH E. VOGT, „STUAGERT OND SEI' NESABACH"

Das muss man sich mal vorstellen: Im Café Graf Eberhard
stünden die Tische am Flussufer. Die Tübinger Straße
wäre keine zugeparkte „Shared-Space-Zone", an die sich ja
doch niemand hält. Vor dem Delphi-Kino würden Kinder
Paddelboot fahren. Von der Hauptstätter Straße käme man
nur über Brücken ins neue Einkaufszentrum Gerber. Die
Aalener, Böblinger, Waiblinger, die im Gerberviertel nach
kostenlosen Parkplätzen suchen, müssten mit der Bahn
kommen, weil es überhaupt keine Parkplätze gäbe, sondern
nur diesen herrlichen Fluss mit kristallklarem Wasser,
Fischen und Seegras.

Friahr ist r uf sei'm ganza Weg, Ond au durch d Altstadt, offa,
Als Bach mit Gäns ond Enta dren Gemüetlich a'ne gloffa. [15]

FRIEDRICH E. VOGT, „STUAGERT OND SEI' NESABACH"

Aber vermutlich würden die nächtlichen Partygänger doch
nur ihre Wodka- und Bierflaschen in den Nesenbach werfen, die Kinder die Eistüten, die Jugendlichen die Mc-Do-
Schachteln, die Erwachsenen Kippen und die Senioren
Brillenputztücher. Das hat schließlich Tradition. Die Stuttgarter haben immer und zu jeder Zeit alles, was sie nicht
mehr mochten, in den Nesenbach gepfeffert oder gekübelt,
Küchenabfälle und Pferdemist, Gewerbemüll und Exkre-
mente. Nur das Einwerfen von Aas war verboten – und
kostete zehn Gulden Strafe.

So verwandelte sich der Nesenbach, der in Vaihingen noch frisch und sauber aus seiner Quelle sprudelte, auf seinem Weg gen Neckar in eine trübe Plörre, sodass Herzog Karl Eugen sich schon 1754 empörte, dass man im Schlossgarten „vor deßen Gestank zur Sommerszeit auch auf dem Kiesweg nicht ohne sehr große incommoditaet passiren kan."

Dr Necker nemmt an mit zom Rhei', En d Nordsee führt
en der –
Ond manches, was dort romschwemmt, kommt Direkt
von Stuagert her! [16]
FRIEDRICH E. VOGT, „STUAGERT OND SEI' NESABACH"

Bereits 1778 wurde damit begonnen, den Nesenbach zu überdeckeln. Hundert Jahre später überwölbte man ihn fast vollständig und legte darüber die Obere Bachstraße an. Nur dort, wo heute die U-Bahn-Station Rathaus ist, war noch ein Zugang, und ausgerechnet in den fiel 1886 ein Franzose, als er nächtens beschwipst durchs Städtle torkelte. Er plumpste in den Kanal, trieb fort, bis ihn ein Hofgärtner aus den Fluten fischte.

Heute wirft man die leeren Dosen, Flaschen, Kippen, Zigaretten- und Mc-Do-Schachteln eben in die Blumenbeete. Da können sie die Mitarbeiter der Stadtreinigung morgens auch leichter rausklauben.

Die Bewohner des Gerberplätzles wundern sich manchmal auch, was nächtens vor ihrer Tür los ist. Schon häufiger hat der alte Herr, der seinen Müll inzwischen entsorgt und Lust auf einen Schwatz hat, Liebespaare entdeckt. Beim Küssen? Nein, keineswegs nur beim Küssen, sondern bei handfesten sexuellen Verrichtungen. Aller Beschaulichkeit zum Trotz – das Gerberviertel liegt eben doch mitten in der Innenstadt. Da gehören nächtliche Exzesse einfach dazu – und sind lauschige Winkel auf besondere Weise begehrt.

Früher hätte man solche Übeltäter vermutlich im „Gießhübel" bestraft, der in der Nähe der heutigen Rathauspassage stand. Ein hölzerner Kasten mit Falltür, durch die man Übeltäter ins Wasser tunkte.

Der alte Herr stört sich eher an den Kindern, die tagsüber allzu laut auf dem Spielplatz toben. Eigentlich sollte es ein Wasserspielplatz sein. So, wie eigentlich auch der Nesenbach hier auf dem Gerberplätzle hätte fließen sollen. In den Neunzigerjahren wurden erste Versuche unternommen, das Viertel aufzuwerten. Nach 270 Jahren wurde Zahn-Nopper geschlossen, ein herrlicher Baumarkt an der Tübinger Straße, in dem man Schrauben und Nägel noch einzeln kaufen konnte. An der Ecke Sophien- und Gerberstraße entstand ein mehrstöckiges Wohn- und Geschäftshaus – „direkt am Österreichischen Platz, absolut ruhig gelegen und viel Grün", wie die Bauherren versprachen. Das Gerberviertel wurde städtebaulich näher an die Stadt angebunden. Drei Ausgänge führten von den neuen Eberhard-Passagen ins Gerberviertel – trotzdem erwies sich das neue Shopping-Paradies bald als ökonomische Totgeburt.

Alte Häuser wurden modernisiert, neue entstanden. Und in Erinnerung an den Nesenbach wurde in dem Wohnquartier ein symbolischer Bachlauf gebaut. Achtzig Meter ist dieser Graben nun lang, einen halben Meter breit, zwölf Zentimeter tief – und leer. Es hätte sein können wie in Freiburg, wo durch die Straßen Wasser plätschert. In Stuttgart aber wurde das Symbol für den Nesenbach zu einem Symbol dafür, dass die Stadt finanziell auf dem Trockenen saß. Nicht ein Tröpfchen Wasser ist hier je durchgeleitet worden.

In dem kleinen Hexenhäuschen auf dem Gerberplatz liegt feiner Goldschmuck in den Fenstern. Um die Ecke gibt es Designerbrillen und italienischen Espresso. Das Gerberviertel hat sich gemacht – und wenn es so weitergeht mit dem Bau- und Sanierungsboom rund um das neue Gerber-Einkaufszentrum, dann wird es vielleicht bald schon der Königstraße den Rang ablaufen – und nicht mehr, wie über Jahrhunderte, das ungeliebte Kind der Stadt sein.

Denn im 19. Jahrhundert wurden in das unbewohnte Viertel jene verbannt, die man nicht riechen konnte: die Gerber. Sie hatten die Bürger in der Innenstadt lange genug geplagt mit übel stinkenden Tranen, Fetten und Gerbstoffen. Deshalb verordnete König Friedrich 1806, „sämtliche mit Unreinheiten und üblem Geruch verbundenen Werkstätten aus den Hauptstraßen der Stadt zu entfernen". Die Gerber packten ihr Leder, pilgerten jenseits der Stadtmauer, wo sie nicht nur Schuppen für die Arbeit errichteten, sondern sich auch Wohnhäuser bauten. Es entstand ein neues Stadtquartier mit neuen Straßen: Hauptstätter Straße, Gerberstraße, Christophstraße, Sophienstraße, Nesenbachstraße.

Vielleicht beginnt ja jetzt der große Durchbruch des kleinen Gerberviertels. An einen solchen glaubte ein Bewohner schon einmal – im 19. Jahrhundert. Aus einem kleinen Pumpbrunnen bei der Gerberstraße kam eines Tages nämlich hell gefärbtes Wasser, das deutlich nach faulen Eiern schmeckte. Der Mann war nicht auf den Kopf gefallen. Er wusste von dem Schwefelbrunnen in den

Unteren Anlagen und war deshalb überzeugt: Es muss Heilwasser sein. Er trank davon und fühlte sich auf der Stelle besser. Die Sache sprach sich natürlich herum. Immer häufiger kamen Leute, füllten die gelbe Brühe in Gefäße ab und machten Kuren mit dem Gerberwasser. Leider untersuchte die Stadtverwaltung die Quelle eines Tages genauer und fand auf der Rückseite eines Hauses an der Hauptstätter Straße eine undichte Latrinengrube.

Heute ist der Stuttgarter Hausfluss übrigens ganz offiziell der Hauptsammler der Stuttgarter Mischkanalisation und landet in der Kläranlage. So wird den heutigen Stuttgartern leider auch der letzte Funke Stolz auf ihren Nesenbach verwehrt, den Friedrich E. Vogt noch besang:

So würzt am End dr Nesabach Sogar de' Ozean! –
Wia sottet dô mir Stuagerter Uf ehn koin Stolz net han?! [17]
FRIEDRICH E. VOGT, „STUAGERT OND SEI' NESABACH"

Anmerkung der Verfasserin: Friedrich E. Vogt (1905–1995) war Schriftsteller und Dialektforscher – und besitzt als vermutlich einziger Mensch weltweit einen Wikipedia-Eintrag in „grottebroidam" Schwäbisch.

Saunalandschaft im Heslacher Bad //

Wärme, Wasser, Wohlsein

„Wasch den Hals", mahnten einst die Mütter, „und gründlich hinter den Ohren". Heute stellt man sich unter die Dusche und bleibt doch schmutzig. Bei unsereinem sitzt der Dreck nicht hinter den Ohren, sondern versteckt sich tief drinnen in den Zellen – der moderne Mensch als Giftcocktail. Säuren, Pilze, Schadstoffe erobern unsere Körper, deshalb müssen wir entgiften, entwässern, ausschwemmen, ausscheiden, ausleiten. Heilfasten, Detox, Master Cleanse und Darmreinigung. Colon-Hydro-Therapie und Entgiftungspflaster. Was dem Katholiken die Sünden, sind dem modernen Städter die Schlacken.

Die einen schwören auf Flohsamenschalen, Glaubersalz oder Rizinusöl. Die anderen schwitzen die Gifte einfach raus. Drei Stunden ins Heslacher, drei mal neunzig Grad, danach Tauchbecken, Abreibung mit Crash-Eis, Nickerchen – und schon ist man außen und innen blitzblank durchgeputzt.

Saunieren soll gesund sein. Es stärkt das Immunsystem und senkt den Blutdruck. Giftstoffe werden ausgeschwemmt. Die Sauna wirkt wie Fieber. Die Körpertemperatur wird erhöht, und Krankheitserreger werden zerstört. Der Schweiß treibt die Gifte heraus und reinigt von innen.

Schwitzen, duschen, abtrocknen – beim Saunaritual kommt man nicht zum Nachdenken. Das macht die Angelegenheit so erholsam.

Aber um bei der Wahrheit zu bleiben: Die Gesundheit ist eigentlich nur ein positiver Begleiteffekt. Ein Alibi, um sich vor Pflichten zu drücken. Ein Vorwand, um es sich gut gehen zu lassen. Denn ein Saunabesuch ist in erster Linie eine sehr sinnliche und ungemein wohlige Angelegenheit. Genüsslich und entspannend für den Körper und Balsam für die Seele. WWW – Wärme, Wasser, Wohlsein.

Für diese drei W's ist das Heslacher Bad ideal – auch wenn es ein durch und durch städtisches Bad ist und die resoluten Damen schon lange vor Betriebsschluss mit dem Wasserschlauch die Gäste aufscheuchen. Auch wenn es weder Eisgrotte, Salzstollen, Whirlpool noch Aqua-Motion-Floating gibt. Aber die Heslacher Saunalandschaft bietet einen Luxus, mit dem die gediegensten Wellness-

Oasen nicht aufwarten können. Sie besitzt ein wunderbares Warmbecken. Wie eine Badewanne, nur viel größer.

Wenn man geduscht, geschwitzt, gerubbelt, sich abgekühlt und ausgeruht hat, dann gibt es nichts Angenehmeres, als in dieses blitzblanke Stahlbecken zu steigen. Luft anhalten, Augen zu und abtauchen. Sich treiben lassen, solange der Atem hält, losgelöst und schwerelos dahingleiten. Erst sinkt man auf den Boden, dann wird man wieder von unsichtbaren Kräften an die Oberfläche getrieben. Man kann sich biegen und dehnen, die Beine beugen und strecken, das Nass durch die Finger gleiten lassen und spüren, wie die Luftbläschen über die Backen keckern. Loslassen, sinken, sich verlieren. Leicht und frei sein wie ein Fischlein in der Weite des Meeres, nur wärmer und wohliger.

Bei einem Saunabesuch ist man über Stunden mit nichts anderem als dem eigenen Körper beschäftigt, mit Aufwärmen und Abkühlen, mit Schwitzen und Abtrocknen. Rein in die Sauna, raus aus der Sauna, Socken an, Socken aus. Ein Ritual, das einen absorbiert und keinen Raum für weitschweifende Gedanken lässt – bestenfalls für unzüchtige. Denn man muss sich nichts vormachen, es ist schon ein spezielles Erlebnis, zwischen lauter Nackedeis zu sitzen. Eingepfercht zwischen Schenkeln, Bäuchen, Rücken, Armen.

Auch wenn das Licht dezent gedimmt wird, auch wenn man sich beim Aufstehen schnell das Handtuch umwickelt, spürt man sehr wohl die eigene und der anderen Nacktheit. Manche sitzen keusch und huschen flink heraus, um den Blicken zu entrinnen. Andere tragen ihren Leib provokant zur Schau. Endlich Publikum.

Natürlich ist eine städtische Sauna kein Saunaklub oder eine sogenannte Kontaktsauna, in der gebaggert und gebalzt wird nach dem Motto: Wenn wir eh schon nackt sind. Im Heslacher geht alles mit rechten Dingen zu. Spanner müssen auf der Hut sein. Aber geschaut wird sehr wohl, Blicke gibt es auch hier, lüsterne, aber auch kritische, neugierige, interessierte. Wo sonst sieht man schließlich den Menschen in seinem Sosein? Jung, alt, dick, dünn, wohlgeraten oder wohlgenährt, tätowiert, rasiert?

Deutschland ist übrigens eines der freizügigsten Länder in Sachen Sauna. Fast überall auf der Welt schwitzt man entweder nach Geschlechtern getrennt oder bekleidet. Dafür gehört es sich in deutschen Saunas nicht zu sprechen. Trotzdem herrscht oft ein munteres Tun und Treiben. Zehen wackeln, Gelenke werden gelockert, Lenden massiert, Nacken gedehnt. Es wird geschnauft, geächzt, geschnieft, gestöhnt. Knie knacksen, Haare tropfen, wieder und wieder wird über die schweißnassen Arme und Beine gestrichen.

Wobei man eigentlich nicht übers Schwitzen spricht. Schwitzen ist pfui und igitt. Eine ganze Industrie versorgt uns mit wirksamen Mitteln gegen den leidigen Schweiß, mit Power-Fresh und Stress-Protect, mit Motion-Sense-Technologie und 48-Stunden-Nonstopp-Schutz. In der Sauna aber, da sehnt man sich plötzlich danach, wünscht sich, es würden endlich auch nur winzige Tröpfchen über den Bauch kullern oder sich zumindest Perlen auf der Oberlippe bilden. Wenn dann der Mann neben einem aufsteht und sogar durchs Handtuch Schweißflecken auf dem Holz hinterlässt, doch, dann ist das schon eklig. Aber so soll es sein: dass es aus allen Poren schießt.

Das kann nicht jeder. Manche schaffen es auch nach Jahren nicht. Sie sitzen zehn, zwanzig Minuten in der

Sauna – nichts. Schwach glitzern ein paar einsame Tröpfchen. Deshalb setzen sich schlechte Schwitzer gern ins
russisch-römische Dampfbad, weil man hier triumphie-
rend Erfolgserlebnisse hat – alles tropfnass, Arme, Beine,
Wangen. Spielverderber würden jetzt sagen: Aber das ist
doch nur der Wasserdampf. Aber nein, bestimmt wird
gerade jetzt das Gift aus den Poren geschleudert. Alles
muss raus.

Deshalb muss man irgendwann auch selbst wieder
raus aus der wohligen Wärme, ob man nun im Dampfbad
oder in der Sauna saß. Dann wird es kalt, richtig kalt, sau-
kalt, eisig, fies, gnadenlos und ganz real atemberaubend.
Nach der Sauna reicht es nicht, nur kalt zu duschen. Man
muss ins Kaltbecken tauchen. Sich bis zur letzten Haar-
spitze dem eiskalten Wasser hingeben. Das ist schmerzhaft
und beglückend zugleich. Ein Schock, sodass man vor Lust
schreien will. Intensiver als in diesem Moment, kann man
sich selbst kaum spüren. Das ist Leben. Das ist wahres Sein.

Sorgen? Ärger? Stress? Mitsamt den alten Hautschüpp-
chen weggespült. Schon befällt einen bleierne Müdigkeit.
Schnell in den Badenmantel und auf die Liege. Von fern
hört man noch das Gemurmel der anderen, das Rauschen
der Dusche und das Klappklappklapp der Badelatschen –
und schon ist man ihm erlegen, einem köstlichen, durch
und durch entspannenden Schlaf.

Schneckenjagd und Schule fürs Leben

Ich nenne sie Hugo, Heinz oder Horst. Das schafft Vertrauen, grad so, als wäre ich mit ihnen auf Du und Du. In Wirklichkeit finde ich Hugo, Horst und Heinz abscheulich. Sobald sie ihre Köpfe (oder sind es ihre Hintern?) in die Luft strecken, mache ich schreiend einen Satz und schüttle mich vor Schauder und Ekel. Denn Hugo, Heinz und Horst sind Regenwürmer. Dicke, fette, widerliche Regenwürmer. „Die sind gut für den Boden", sagt eine Freundin, schnappt sie mit der bloßen Hand und wirft sie zurück ins Beet.

So ist das eben, wenn man als ein eingefleischter Stadtmensch plötzlich zum Gärtner wird. Wenn man nicht mal Tannen von Fichten unterscheiden kann, aber plötzlich Rosen zurückschneiden soll. Wenn man mit Wespennestern fertig werden und daran denken muss, das Wasser vor dem ersten Frost abzudrehen.

Wird der Städter zum Gärtner, bleiben Kollateralschäden nicht aus. Da kürzt man im Sommer beherzt den Lavendel – und im Herbst ist er verreckt. Der Bambus vertrocknet, die Engelstrompete erfriert. Hier war der Boden zu sauer, dort nicht kalkhaltig genug, dem Jasmin hat Wasser gefehlt, den Gladiolen Sonne. Und die frisch gepflanzte Konifere ist auch eingegangen – einfach so.

Schnecken soll man in der Dämmerung absammeln. Wie schafft das ein armer Städter aber, wenn er sich schon vor Regenwürmern ekelt?

Als Gartenbesitzer muss man sehr schnell eines lernen: Bescheidenheit. Es ist illusorisch, auch nur einen Bruchteil der Pflanzen zu kennen – ob Kriechenden Günsel und Gewöhnlichen Gundermann, Mauer-Zymbelkraut und Haselwurz, Faden-Ehrenpreis und Blauen Gauchheil. Aber selbst in einem überschaubaren Garten braucht man Jahre, um die Ansprüche und Marotten der Gehölze, Sträucher und Blumen zu begreifen. Learning by trial and error. Warum gedeiht die eine Forsythie prächtig – während ihr Schwesterchen keinen Meter weiter siecht und darbt?

„Ich weiß nicht, in wen die Rose verliebt", dichtete Heinrich Heine, „ich aber lieb' euch all: Rose, Schmetterling, Sonnenstrahl, Abendstern und Nachtigall". Vermutlich war er kein Gärtner. Als Gärtner ist es schnell vorbei mit der Poesie. Denn es lauern Feinde allüberall. Läuse befallen die Rosen. Amseln rauben einem die Beeren. Schnecken fressen den Rittersporn kahl. Der Efeu kriecht unterm Zaun von den Nachbarn herüber und gräbt sich durch die Beete. Als Kind hat man die geflügelten Früchte des Ahorn geöffnet und sich auf die Nase gesetzt, plötzlich aber hasst man die braunen Propeller, die zu Tausenden aus dem Park herüberflattern. Penetrant kriechen sie in sämtliche Ritzen und Nischen. Auf dem Rasen, in den Beeten, auf den Wegen, überall keimt der Ahorn. Wie kann man sich nur so penetrant und wahllos fortpflanzen?

Wenn man sich gebückt das Kreuz ruiniert, hackt, rupft und zupft, kann man schon ins Grübeln kommen, und es drängt sich die bohrende Frage auf: Warum tut man das? Gartenarbeit ist ein stetes Ringen mit den eigenen Ansprüchen. Ständig muss man die Realität abgleichen mit den verführerischen Bildern der Gartenzeitschriften und wird gnadenlos konfrontiert mit seinen allzu strengen Maßstäben und einem mitunter zwanghaften Ordnungs- und Kontrollwahn. Denn was anderes als Wahnwitz ist es, wenn man mit dem Küchenmesser den Klee aus den Fugen kratzt oder den Kies siebt, wenn man braune Blättchen zupft oder unter die Büsche kriecht und am Unkraut zerrt?

Was aber ist überhaupt Unkraut? Löwenzahn und Knoblauchsrauke, Knöterich und Breitwegerich, Disteln und Farne. Heute für gutes Geld eine Akelei im Gartencenter gekauft, liebevoll gepflanzt, gehegt, gegossen – und morgen wächst und wuchert sie schon wie Unkraut an allen Ecken und Enden. Der dekorative Efeu wird zum Fluch. Und die Zitronenmelisse begnügt sich längst nicht mehr mit ihrem Plätzchen im Kräuterbeet, sondern erobert mit imperialistischem Gestus den gesamten Garten.

Schnecken, heißt es in der Fachliteratur, soll man in der Dämmerung „absammeln". Wie aber ein Mensch, der schon beim Anblick von Regenwürmern hysterisch schreit, es schafft, eine Schnecke anzufassen, wird nicht erklärt. Wenn man sich endlich überwunden hat, den roten, glitschigen Leib mit dicken Handschuhen vom Beet zu klauben, wohin damit? In die Biotonne? Soll man sie vorher lieber erwürgen, erschlagen, erschießen? Wird man eines Tages so abgebrüht wie ältere Gartenbesitzer sein und die Schnecken rigoros mit der Gartenschere durchschneiden und auf den Kompost werfen? Wird man irgendwann sogar Hugo, Heinz und Horst in sein Herz schließen?

Auch bei der Gartenpflege stellt sich allmählich Routine ein. Irgendwann kennt man jeden Winkel des Grundstücks, lernt die verschiedenen Rhythmen kennen. Man weiß zwar nicht warum, aber an welcher Stelle das Gras trotz Gießens vertrocknet. Man lässt sich von den Rosen nicht mehr so häufig pieksen und hat eine effiziente Routenplanung fürs Rasenmähen entwickelt. Beherzt schneidet man das Weinlaub bis auf einen kargen Stumpf zurück, weil es im nächsten Sommer doch wieder das Haus zuwachsen wird, aufs Dach kriecht, Fenster und Regenrinnen zuwuchert, immer weiter, immer fort. Und man weiß, dass die Tauben nicht etwa von Nachbars Dach pfeifen, sondern am liebsten in den Ästen über dem Beet hocken und lustvoll ihren Kot, pflatsch, auf die Zucchini fallen lassen.

All das aber sind Petitessen im Vergleich zur eigentlichen Herausforderung. Denn Gartenarbeit ist eine Schule des Geistes. Sie lehrt gnadenlos, dass Perfektion eine

Schimäre ist, eine unsinnige Illusion. Sind die Ahorntriebe entfernt – schießt ja doch schon ein anderes Kraut. Jäten und Rasen mähen, welke Blüten kappen und Sträucher in Form bringen – es wird nie ein Ende nehmen. Die wahre Herausforderung ist, nicht zu verzweifeln, sondern sich wie in einer meditativen Übung die Freude systematisch anzutrainieren. Beglückt zu sein, weil die Forsythie austreibt oder das Mandelbäumchen blüht, sich zu freuen, weil die Rose das Umsetzen überlebt hat und der Rosmarin prächtig austreibt. Wie ein Mantra muss man sich die Schönheiten permanent vergegenwärtigen. Die einen singen „Om shanti om", des Gärtners Lebensaufgabe ist es, das helle, frische Grün der jungen Eibennadeln lieben zu lernen – und nicht an den Knochenjob zu denken, dass die Hecke schon bald wieder geschnitten werden muss.

So wird die Gartenarbeit zur Übung fürs Leben. Sie fordert Geduld ab, zwingt, sich in den Rhythmus der Natur einzufinden, die eigenen Grenzen hinzunehmen, statt falschen Visionen und Erwartungen nachzujagen. Denn aus einem alten deutschen Garten wird nie ein modernes japanisches Kleinod werden mit sich im Wind wiegenden Gräsern und raschelndem Bambus, blühenden Kirschbäumen und klapperndem Windspiel. Ein Garten wird auch niemals ausschauen wie im Gartencenter, weil sich der Rote Klee ja doch alsbald über den eleganten weißen Kiesweg hermachen wird, sich das Moos auf der Wiese festbeißt, und den Amseln die Rasensamen offensichtlich besser schmecken als die fett gefressenen Herren Hugo, Horst und Heinz.

Wenn das Eichhörnchen dann aber über die Wiese spaziert, gerät die Gärtnerin in einen Zustand höchster

Glückseligkeit. Dann wollte man sich am liebsten ins Gras legen und mit dem kleinen Kerlchen die Nüsse knacken, die die Nachbarin immer so großzügig verteilt, ihm das Pfötchen schütteln und das drollige Schnäuzchen kraulen. Aber nein, es rennt schon wieder weiter, klettert die Eibe hinauf, auf deren Spitze Elster und Krähe mal wieder streiten. Ein weiter Satz, und das Eichhörnchen ist auf dem nächsten Baum gelandet und fort im raschelnden Laub. Wenn man sich dann mit Lehm an den Schuhen und Dreck unter den Nägeln wieder dem Beet widmet und schwitzend weitergräbt, findet man garantiert ein paar leere Nussschalen – als kleiner Gruß vom Eichhörnchen an den Menschen. Soll er sie doch selbst wegräumen, wenn sie ihn stören.

Bildquellen

Fotografie auf den Seiten 9, 13, 19, 27, 31, 37, 43, 49, 55, 66, 73, 79, 83, 89, 92, 99, 103, 110, 117, 121, 129, 137, 145, 155, 161, 168, 175, 182, 187: © Eberhard Rapp, Konzeption und Kommunikation, Stuttgart

Fotografie auf S. 59: Eberhard Rapp, Konzeption und Kommunikation, Stuttgart; © FLC / VG Bild-Kunst, Bonn 2014, Le Corbusier, „Dachterrasse Weißenhofsiedlung"

Autorinnenporträt auf den Seiten 10, 56, 100, 146: © Achim Zweygarth, Stuttgart

Fotografie auf S. 149: Martin Lorenz / © Landeshauptstadt Stuttgart, Stadtbibliothek

Textquellen

Nachfolgend sind die wichtigsten Textquellen genannt, denen die Autorin bedeutende Hinweise verdankt.

Claviez, Ulrike: Die Wandmalereien der Veitskapelle in Stuttgart-Mühlhausen, Dissertation 1976, Eberhard-Karls-Universität Tübingen

Der Brand: 21.12.1931; das alte Schloss in Flammen, Landesmuseum Württemberg 2006

Doppelhaus Le Corbusier/Pierre Jeanneret, Wüstenrot Stiftung Ludwigsburg 2005

Gohl, Ulrich: Der Nesenbach. Geheimnis unter Stuttgarts Straßen, Silberburg Verlag Tübingen 2002

Hohrath, Clara (Pseudonym von Clara Rommel): Hannelore erlebt die Großstadt, Stuttgart 1932

Kurz, Jörg: Die Gänsheide. Geschichte und Kultur, Verlag im Ziegelhaus 2007

Le Corbusier und Pierre Jeanneret, Paris, aus: Bau und Wohnung, Stuttgart 1927

Museumsführer Städtisches Lapidarium Neugebauer, Wilbert: Die Wilhelma, Theiss Verlag Stuttgart 1993

Wais, Gustav: Alt-Stuttgarts Bauten im Bild, Deutsche Verlags-Anstalt Stuttgart 1951

Wais, Gustav: Stuttgart vor der Zerstörung, Deutsche Verlags-Anstalt Stuttgart 1968

Zeichen der Erinnerung: Gedenkstätte im Stuttgarter Nordbahnhof. Hintergrund, Werdegang, Realisierung, Karl Krämer Verlag Stuttgart 2006

Sonstige Quellen

Wesentliche Hinweise verdankt die Autorin den Textarchiven von *Stuttgarter Zeitung* und *Stuttgarter Nachrichten*.

Anmerkungen

1 (S. 50): Erich Kästner, „Trostlied im Konjunktiv", in: Wir sind so frei. Chanson, Kabarett, kleine Prosa, Carl Hanser Verlag München/Wien 1998/2003, S. 185.

2 (S. 58): Le Corbusier, zitiert nach: Alan Posener, Kann man in einem Haus von Le Corbusier wohnen?, Welt online, 21.06.2009.

3 (S. 59): Hans Traxler, „ZEIT"-Magazin 1982, zitiert nach: Manfred Sack, Im Stehen zu lesen, „ZEIT" Hamburg, 11.04.1986.

4 (S. 61): Le Corbusier: Doppelhaus Le Corbusier/Pierre Jeanneret, Wüstenrot Stiftung Ludwigsburg 2005, S. 27.

5 (S. 62): Paul Schmitthenner, Weißenhofmuseum im Haus Le Corbusier, Museumskatalog, Stuttgart 2008, S. 71.

6 (S. 63): Clara Hohrath: Hannelore erlebt die Großstadt, Stuttgart 1932, S. 10.

7 (S. 70): Stuttgarter Rundwanderweg, Weg vom Schloss zum Schlössle, Jubiläumsweg. Wanderkarte Verschönerungsverein Stuttgart e.V., 8., erweiterte Auflage 2011.

8 (S. 78): Karl Krug: „92 Stufen nach oben" von Andrea Rothfuß, Stuttgarter Wochenblatt, 02.07.2009.

9 (S. 108): Heiner Müller: Werke, Suhrkamp Verlag Berlin, 2008, Band 12, S. 710.

10 (S. 119): Micha Ullman, aus: Saphira Sarit, „Eine kleine Chronik über Gräben und Tische".

11 (S. 127): Maria Kissner, aus dem Gedicht: „Es klagt die Stadt", zitiert nach: Von Zeit zu Zeit, Die Geschichtswerkstatt von Stuttgarter Zeitung und Stadtarchiv, www.von-zeit-zu-zeit.de

12 (S. 135): Jean-Paul Sartre: Geschlossene Gesellschaft. Deutsch von Traugott König. 5. Auflage. Rowohlt Taschenbuchverlag Hamburg 1991, S. 59.

13 (S. 152): Elfriede Jelinek, Michael. Ein Jugendbuch für die Infantilgesellschaft, Rowohlt Taschenbuch Verlag Reinbek bei Hamburg 1972, S. 7.

14 – 17 (S. 176, 177, 180): Friedrich E. Vogt, aus dem Gedicht „Stuagert ond sei' Nesabach", in: Ulrich Gohl, Der Nesenbach. Geheimnis unter Stuttgarts Straßen, Silberburg Verlag Tübingen 2002, Seite 81.

Auf die Ermittlung der Inhaber von Urheberrechten wurde größtmögliche Sorgfalt verwendet. Sollten dennoch Rechtsansprüche bestehen, bittet der Verlag die Rechteinhaber, ihm ihre Ansprüche mitzuteilen.